Ewert
49 Schlüssel zum Glück

Dr. in. Uma Ursula Ewert ist Verhaltensbiologin und systemisch ausgebildete Psychotherapeutin. Ihr Wissen über die heilenden Zusammenhänge mentaler, körperorientierter und kreativer Prozesse vermittelt sie in inspirierenden Trainings und Weiterbildungen.

Dipl. Ing. Klaus Ewert ist Experte für werteorientierte Führung und Teamentwicklung, unternehmensvernetzende Software und modernes Projektmanagement. Der wertschätzende, kluge Umgang mit Ressourcen und Menschen bildet den Kern seiner Arbeit.

Aus der Kombination ihrer Fachgebiete und der langjährigen gemeinsamen Erfahrung als Ausbilder für systemisches Coaching und Yogalehrer entstand »Yoga-Coaching«: eine Synthese von jahrtausendealtem östlichen Wissen und modernen westlichen Kommunikationswissenschaften.

Weitere Informationen: www.yogacoaching.at

Dr. Uma Ursula Ewert, Klaus Ewert

49 Schlüssel zum Glück

Durch Yoga-Coaching Lebensfragen lösen und
Klarheit gewinnen

TRIAS

Liebe Leserinnen,
liebe Leser,

dieses Buch beschreibt die wichtigsten Erkenntnisse aus mehr als 20 Jahren praktischer Erfahrung auf den Gebieten der modernen Verhaltensforschung, der ganzheitlichen Psychotherapie und des qualitätsorientierten Führungsmanagements. Die meisten Menschen und Unternehmen, die wir in dieser Zeit begleitet haben, wollten erfolgreich, gesund und glücklich sein.

Das fanden wir bemerkenswert. Und so haben wir uns auf die Suche gemacht in unseren eigenen spannenden Fachgebieten und in den fast undurchdringlichen Dschungeln uralter traditioneller und moderner Wissenschaften. Wir haben unermüdlich nach verborgenen Lösungen und Antworten geforscht und Kollegen und Experten zahllose Fragen gestellt.

Nach einigen Jahren waren wir versucht zu behaupten, dass wir endlich eine Methode gefunden hätten, die allen Menschen einen verlässlichen, fachlich fundierten Rahmen für Erfolg, Gesundheit und Wohlbefinden ermöglicht! Das war eine sehr schöne Vorstellung, die uns gut gefiel. Doch da wir ehrliche Menschen sind, mussten wir zugeben, dass nicht wir die Methode, sondern die Methode UNS entwickelt hat! Und zwar so unmerklich und leise, dass wir es zunächst gar nicht gemerkt haben. Und als wir darauf aufmerksam wurden, war es bereits zu spät. Nicht nur unsere Kunden, sondern auch wir selbst waren eindeutig gesünder, glücklicher und erfolgreicher geworden. Und zwar in dieser Reihenfolge. Merken Sie den Unterschied?

Dieses Buch ist ein praktisch und einfach anwendbares Fachbuch für Laien und Profis, das Gesundheit und Wohlbefinden als zuverlässige Basis für inspirierende Entwicklung und individuellen Erfolg ansieht.

Die beschriebene Methode berücksichtigt sowohl die grundlegenden als auch die subtilen, individuellen Bedingungen, die für ein harmonisches Gleichgewicht im Leben verantwortlich sind. Sie kombiniert auf kluge Weise traditionelles Wissen mit den neuesten Erkenntnissen aus der Neurobiologie und Kommunikationsforschung. Dabei bietet sie erfreulich viel Freiraum und ganz persönliche Entwicklungsmöglichkeiten.

Wir wünschen Ihnen viel Freude beim Lesen und Ausprobieren.

Uma Ewert und Klaus Ewert

Wohin kommt man durch Yoga?
»Man hat sich von sich selbst entfernt,
und Yoga bringt einen zurück zu sich selbst.
Das ist alles.«

T.K.V. Desikachar

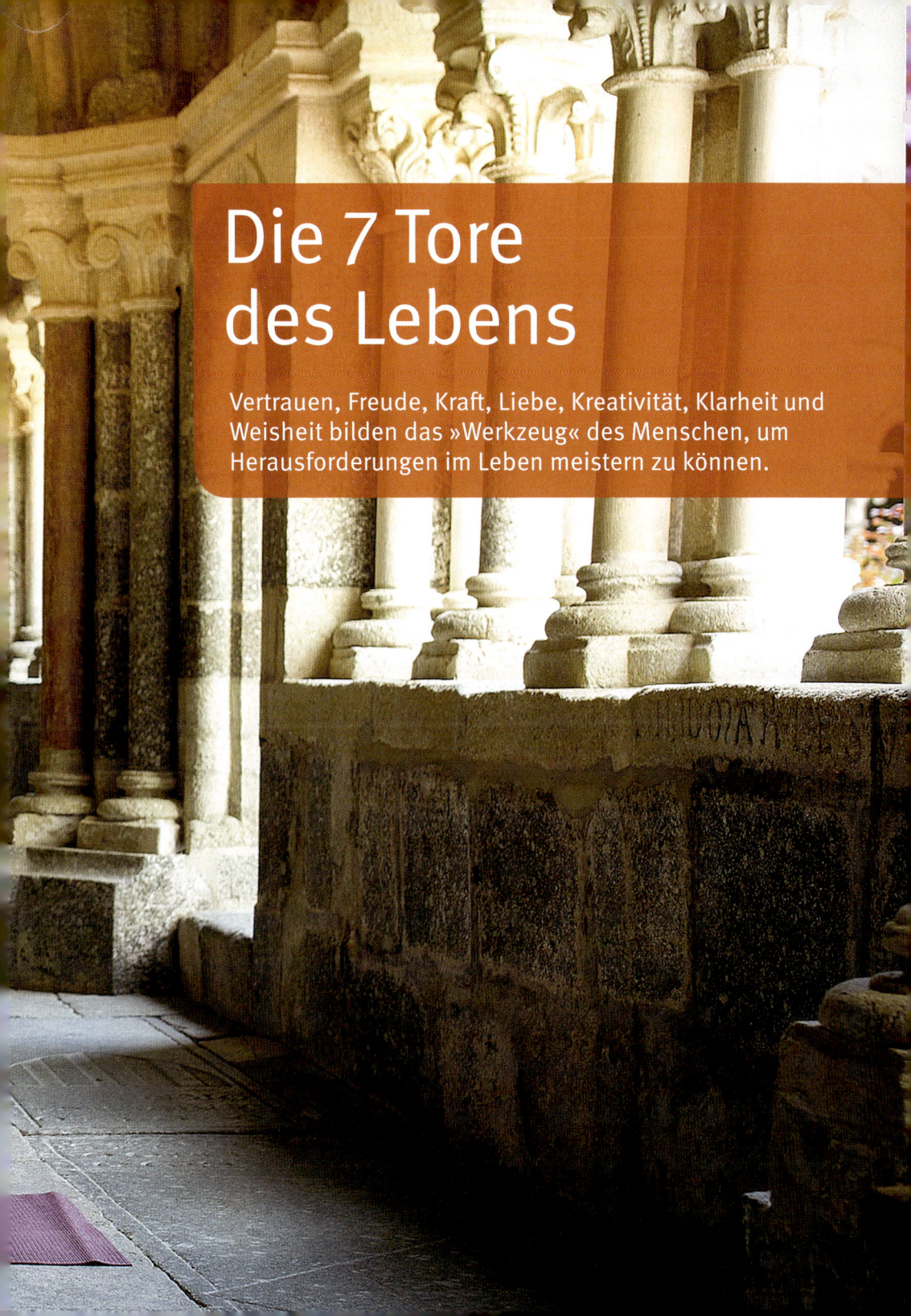

Die 7 Tore des Lebens

Vertrauen, Freude, Kraft, Liebe, Kreativität, Klarheit und Weisheit bilden das »Werkzeug« des Menschen, um Herausforderungen im Leben meistern zu können.

Warum wir dieses Buch geschrieben haben

Mit den sieben Toren des Lebens bezeichnen wir die Kernkompetenzen, die der Mensch im Verlauf seiner Entwicklung in unterschiedlichen Lebensphasen erwirbt.

Traumata und schlechte Erfahrungen
können zu jedem Zeitpunkt Ängste und
Verhaltensweisen aktivieren, die das
erschweren.

Mithilfe der 49 Schlüsselfragen ist es
möglich, das Gebiet einzugrenzen, in
dem ein Ungleichgewicht herrscht. Die
vorgestellte Methode kombiniert die
effektivsten Techniken aus dem Yoga
und Ayurveda sowie unterschiedliche
Atem-, Entspannungs- und Meditationstechniken mit westlichen Therapie- und
Coaching-Methoden. Der Grund für die
besondere Wirksamkeit dieses Vorgehens
liegt im mehrdimensionalen neuronalen
Lernen auf verschiedenen Erfahrungs-
und Verhaltensebenen. Dabei werden
alte, unbrauchbar gewordene mentale
Muster in einem sicheren Rahmen neu

strukturiert und sinnvoll vernetzt. Eine
Erfahrung für alle Sinne.

Die erstaunliche Wirksamkeit von Yoga
und Meditation wird in modernen
Untersuchungen (Kernspinaufnahmen,
Gen- und Blutanalysen, EEG und EKG,
Schlaflabor, Krebsforschung) immer wieder bestätigt. Bessere Schlafqualität, Linderung von chronischen Schmerzen, Panikattacken und Depression, Regulierung
von Blutdruckproblemen, Vorbeugung
von Demenz und sogar die »Stummschal-
tung« von Tumorzellen wurden wis-
senschaftlich nachgewiesen. Wir haben
während unserer Arbeit und Recherchen
sehr viele unterschiedliche Methoden
der Körperarbeit und ihre Wirkung auf
Menschen kennengelernt. Keine davon
war so umfassend wirksam und dabei so

einfach zu erlernen wie Yoga und Meditation. Aus diesem Grund bilden ihre wirkungsvollsten Übungen die zuverlässige Basis dieses Buches. Die kraftvolle Funktionalität bezieht das Buch aus den modernen Wissenschaften, ihren klaren Modellen und Coaching-Techniken. Die Ausstrahlung des Buches beruht auf der Verbindung zur Kunst, die Schönheit und Wohlbefinden als wertvolle Essenz schöpferischer Arbeit versteht.

>> *Besteht Klarheit über den unveränderlichen Kern des Bewusstseins, so bilden Gefühle und Gedanken keine Schleier mehr und alles Wissen steht für immer klar zu Verfügung. Fühlen und Denken sind von der Zeit befreit und es ergeben sich keine Taten mehr aus dem Zwang, etwas bewerkstelligen zu müssen.* <<

Yoga Sutra des Patanjali 4.31–4.33

Anwendungsbereiche

Mithilfe der beschriebenen Übungen kann jeder Mensch ein tiefes Verständnis der eigenen Persönlichkeit und der für sie optimalen Entfaltungsbedingungen entwickeln. Paare, Teams, Schulen und Familien, die zusammen mit dem Buch arbeiten, können Toleranz und kreative Kooperation auf vielen Ebenen erfolgreich und nachhaltig fördern.

Für professionelle Berater, Therapeuten, Ärzte und Yogalehrer bietet dieses Buch eine wertvolle Methodensammlung mit einem praktischen Leitfaden für die ganzheitliche Begleitung und Unterstützung ihrer Klienten. Besonders gut hat sich die Methode in folgenden Bereichen bewährt:

Auf der körperlichen Ebene

- stabile Gesundheit und Prävention von Burn-out und Depression
- Vorbeugung und Behandlung von Gewichts-, Rücken- und Gelenkproblemen
- Linderung von Herz-, Kreislauf-, Atem- und Hautproblemen

Auf der mentalen Ebene

- Förderung von Vision und Kreativität
- Wertschöpfung und positiver Wandel für Individuen und Unternehmen
- erfolgreiche Kommunikation und kluge Führung

Auf der emotionalen Ebene

- achtsame Krisenbegleitung und kreatives Konfliktmanagement
- glückliche Beziehungen und gesunde Intimität
- ganzheitliche Behandlung und Prävention von Sucht

Die sieben Lebens- phasen

In sieben Lebensphasen durchlaufen wir Reifungsprozesse: Kindheit, Jugend, Ausbildung, Partner- und Elternschaft, Berufstätigkeit, reifes Erwachsenenleben und Alter.

Diese uralten biologisch bedingten Rhythmen prägen tief die Befindlichkeit des Menschen. Erschöpfung, Burn-out und depressive Verstimmungen sind häufig erste Anzeichen eines ernst zu nehmenden Ungleichgewichts zwischen den sich verändernden körperlichen, geistigen und seelischen Bedürfnissen in den unterschiedlichen Lebensphasen. Vielen Menschen ist gar nicht bewusst, auf welchen Ebenen ihrer Existenz ein Ungleichgewicht herrscht. Sie können die beginnenden Anzeichen oft nicht rechtzeitig erkennen und fühlen sich von unangenehmen Symptomen bedrängt oder überwältigt, die sie nicht richtig einordnen können. In konventionellen Arbeits- und Lebenszusammenhängen gibt es selten genügend Raum für gesunde körperliche Balance und inspirierende,

individuelle Entwicklung. Werden natürliche Rhythmen und Entwicklungsstufen aber auf Dauer ignoriert, so wird der Mensch unglücklich oder krank.

Jeder Mensch befindet sich in einem ganz bestimmten Entwicklungsstadium, das von seinem individuellen Lebensalter, seiner Lebensstufe und seinen bisherigen Erfahrungen geprägt wird. Menschen, denen diese entwicklungsbedingten Besonderheiten nicht bekannt sind, reden oft aneinander vorbei. Es ist für sie schwierig, gemeinsame Ziele zu verfolgen und Enttäuschungen zu verarbeiten. Die Kenntnis dieser Stufen erlaubt es, voneinander zu lernen und motiviert, an der Entfaltung des eigenen und gemeinsamen Potenzials zu arbeiten.

Im direkt anschließenden einführenden Buchteil werden sieben traditionelle Lebensstufen und die ihnen zugehörigen Kernkompetenzen beschrieben. Der darauffolgende Praxisteil des Buches beleuchtet in 49 Schlüsselfragen die subtilen Aspekte dieser Kernkompetenzen und macht sie mit praktischen Übungen erfahrbar. Es ist nie zu spät, diese zu erlernen, wenn das in der eigenen Biografie bisher nicht vollständig möglich war.

Wenn dieses Buch dazu beitragen kann, dass die Arbeit von Familien als frühester und wichtigster Baustein in der gesunden Entwicklung des Menschen anerkannt wird und deutlich höhere Wertschätzung sowie finanzielle Förderung erfährt, dann wäre sehr viel von dem erreicht, wofür wir unser Wissen und unsere Erfahrung seit vielen Jahren einsetzen.

Die Tore des Lebens sind ein Sinnbild für die Stufen menschlicher Entwicklung. Jeder Mensch wächst sowohl für sich allein als auch gleichzeitig mit und durch andere. Aus diesem Grund sind auf den folgenden Bildern zu den sieben Toren Menschen einer Familie in spielerischen Yogapositionen abgebildet, die einander Schutz und Vertrauen schenken, gemeinsam Balance finden und dabei kreativ sind, Stärke und Mut entwickeln und Liebe leben. Das gehört zum Wertvollsten, das man Kindern und Jugendlichen vermitteln kann. In ihrem späteren Leben sind sie damit jeder Herausforderung gewachsen. Aber auch als Erwachsener ist es noch möglich, mit Willenskraft und Geduld neue Kompetenzen zu erwerben.

>> *Gesundheit ist Reichtum, geistiger Frieden ist Glück. Yoga zeigt den Weg.* <<

Swami Sivananda

Kindheit und Vertrauen

> 》 *Der Yogaweg des zwischenmenschlichen Verhaltens umfasst Gewaltlosigkeit, Wahrhaftigkeit, Großzügigkeit, Handeln im Bewusstsein des Göttlichen und Anspruchslosigkeit. Meisterschaft entsteht, wenn wir uns unbeeinflusst von Herkunft, Ort, Zeitpunkt oder Situation, in der wir sind, an diese Regeln halten.* 《

Yoga Sutra des Patanjali 2.30 und 2.31

In unserer Kindheit durchschreiten wir – wenn alles gut läuft – das Tor des Urvertrauens durch die tiefe Erfahrung von Geborgenheit und elterlicher Liebe. Wurde dieses Bedürfnis in der Kindheit nicht gestillt, so bleiben wir oft noch als Erwachsene ängstliche Bittsteller statt kühne Botschafter der Liebe. Angst vor Verlust und Mangel hält uns gefangen. Doch als Erwachsene müssen wir nicht mehr wie ein kleines Kind darauf hoffen und warten, dass andere diese tiefe Sehnsucht nach echter Geborgenheit erfüllen. Mithilfe der »sieben Schlüssel zum Vertrauen« (Seite 30) können wir die Samen dieser wichtigen Fähigkeit nun selbst aussäen und pflegen. So entwachsen wir freundlich den kindlichen Bedürfnissen, die in den ersten sieben Jahren unseres Lebens angemessen waren, später aber unsere Entwicklung und erwachsene Liebesfähigkeit blockieren.

Frühe Jugend und Freude

> » *Aus Zufriedenheit, ungeachtet der äußeren Umstände,
> erwächst grenzenloses Glück.* «

Yoga Sutra des Patanjali 2.42

Das Erleben der Vielfalt statt der Einheit steht nun im Mittelpunkt des gesunden Erlebens. Der Mensch zwischen dem 7. und 14. Lebensjahr kann zugunsten höherer Ziele auf etwas verzichten und erwirbt Geduld und Einfühlungsvermögen. Er lernt, seine Kräfte spielerisch mit anderen zu messen und entdeckt die Freude am eigenen und anderen Geschlecht. Der faire Umgang mit Konflikten wird geübt. Verläuft diese Phase im Leben optimal, bleibt die lebenslange Freude an neuen Herausforderungen im Leben erhalten.

Statt aus Angst vor Niederlagen wie gelähmt zu sein, erwächst aus klugen Erfahrungen neue Widerstandskraft. Mit dem Höhepunkt der Pubertät nähert sich das Ziel dieser Lebensphase: die Balance zwischen dem Urvertrauen der ersten Jahre und der Freude an der mutigen Erforschung der Welt. Wird dieser Prozess durch Schuld, Scham oder Einengung behindert, so erzeugt dies im Erwachsenen eine diffuse Getriebenheit anstatt innerer Balance.

Jugend und Kraft

>> *Nur dessen Übung wird Wurzeln schlagen, der lange Zeit ohne Unterbrechung in hingebungsvoller Haltung und mit Rücksicht auf andere übt.* <<

Yoga Sutra des Patanjali, 1.14

Ausbildung und Lehre fanden traditionell zwischen dem 14. und 21. Lebensjahr statt. Erst in unserem Jahrhundert hat sich dieser Zeitraum stark verlängert bzw. nach hinten geschoben. Es ist die Zeit, in der sich der junge Mensch zum ersten Mal seiner Kraft und Begabung voll bewusst wird und diese gezielt ausgebildet wird. Kraftvolle Präsenz und sicherer Selbstwert prägen diese Lebensstufe in ihrer gesunden Qualität. Auto-ritäre, lieblose Strenge, Manipulation, mangelnde Anerkennung und Unverständnis oder ungeeignete Berufswahl können die Kraft und den Selbstwert eines jungen Menschen lähmen.

»Die sieben Schlüssel zur Kraft« (Seite 68) bringen den Funken und das Feuer dieses wichtigen Energietores wieder zum Leuchten, wenn wir dazu bisher wenig oder keine Gelegenheit hatten.

Junger Erwachsener und die Liebe

>> *In der Nähe eines Menschen, der Gewaltlosigkeit erlangt hat, wird Feindseligkeit niemals gedeihen.* «

Yoga Sutra 2.35

Zwischen 21 und 28 Jahren werden wir von der Liebe geprägt. Wir erleben die Möglichkeit und manchmal auch die Realität, Eltern zu werden. Die eigenen Wünsche können zugunsten eines anderen Lebens zurückgestellt werden, wir wachsen über uns hinaus.

Dieses Tor liegt genau in der Mitte. Es zu durchschreiten wird schwierig, wenn die ersten drei nicht geöffnet wurden.

Menschen, denen dieses Tor verschlossen bleibt, wagen es nicht, sich selbst in Hingabe zu verschenken. Sie bleiben oft ängstlich oder sehnsüchtig suchend, anstatt durch Vertrauen und Mut den Weg zur Erfüllung zu finden. Die sieben Schlüssel der Liebe fördern ein Nachreifen auf diesem wichtigen Gebiet und bringen uns in Kontakt mit wichtigen Teilbereichen der Liebe: Vertrauen, Dankbarkeit, Toleranz, Mut, Tatkraft, Vergebung und Ausdauer.

Erwachsener und Kreativität

*》 Derjenige, der im Bewusstsein des Göttlichen handelt,
gewinnt große Energie. 《*

Yoga Sutra 2.38

Die Zeit zwischen 28 und 35 Jahren widmen Menschen meist der von ihnen gewählten Karriere. Hier können sie ihre Berufung entfalten, als Eltern, Selbstständige, Künstler, in einem Dienstleistungsverhältnis oder in einem spirituellen Beruf.

Eine falsche Berufswahl wiegt schwer, da der Mensch sich dann in seinem kreativen und kommunikativen Ausdruck zutiefst behindert und ohne inspirierendes Echo fühlt. Depression und Burn-out können im späteren Leben die Folge sein.

Meist kann der Mensch die Wurzeln dieses Zustandes selbst nicht erkennen, da diese bis zum Kraft-Tor der (un-)passenden Berufswahl zurückreichen. Wenn ein Tor ganz geöffnet ist, zeigt sich der Weg bis zur nächsten Etappe meist klar und deutlich.

Die sieben Fragen zur Kreativität rufen altes heilendes Wissen im Menschen wach. Diese Wachheit kann ihre blühenden Triebe bis weit in die Zukunft und die Vergangenheit erstrecken.

Reifer Erwachsener und Klarheit

>> *Bei einem Menschen, der Wahrhaftigkeit gemeistert hat,*
gehen die Aussagen und Handlungen stets in Erfüllung. <<

Yoga Sutra 2.36

Das Jahrsiebt von 35 bis 42 Jahren ist von einer ersten Ahnung und Erkenntnis der Endlichkeit unseres Lebens geprägt. Seine Möglichkeiten und Grenzen werden uns nun deutlicher bewusst. Unsere Jugend weicht ersten Anzeichen des Alterns. Wir brauchen und nehmen uns Pausen und Zeiten der Stille im Alltag. Präsenz,

Wissen und Klarheit sind Geschenke dieser Lebensspanne, die von Dankbarkeit und Erfahrung getragen wird. Es ist die Zeit der Ernte. Angst vor dem Altern, blinder Aktionismus und Verdrängung verhindern deren Geschenke. »Die sieben Schlüssel zur Klarheit« (Seite 136) helfen diesen wieder ans Licht.

Alter und Weisheit

>> *Durch den Übungsweg des Yoga schwinden alle Schleier,
sodass die Weisheit durchscheint und Erkenntnis entsteht.* <<

Yoga Sutra 2.28

Vor noch nicht allzu langer Zeit betrug die Lebensspanne des Menschen durchschnittlich 49 Jahre. Traditionell bildete die Zeit zwischen dem 42. und 49. Lebensjahr den »krönenden« Abschluss des Lebens. Weise Erkenntnis tiefer Zusammenhänge, Humor, Güte und Freundlichkeit bilden die Geschenke des Tores der Weisheit.

Auch wenn der moderne Mensch diese Lebensspanne weit übertrifft, fühlt er dennoch oft in einer Art »Midlife Crisis«, dass ein uralter Zyklus nun zu seinem natürlichen Abschluss kommt. Blieben ihm wichtige Tore im Leben verschlossen, so kann sich dies nun in tiefer Unzufriedenheit, chronischer Krankheit oder beginnender Verwirrtheit äußern.

»Die sieben Schlüssel der Weisheit« (Seite 158) widmen sich wichtigen Erkenntnissen im Leben und helfen dadurch bei einer heilsamen Neuorientierung. Sie bereiten den Menschen auch für den Übergang in die zweite Lebenshälfte vor, indem sie ihm die Möglichkeit bieten, dieses Mal weise und mit eigener Kraft den weiteren Lebensweg optimal zu gestalten.

Ein neuer Zyklus: 49+

>> *Wer das mentale Gleichgewicht wahrt, dem Eigennutz bewusst entgegenwirkt und Reizsituationen meidet, der unterbindet das Wachwerden uralter Neigungen.* <<

Yoga Sutra 4.11

Mit dem 50. Lebensjahr beginnt energetisch gesehen ein »neues« Leben, in dem wir die Erfahrungen aus der ersten Lebenshälfte sinnvoll und bewusst nutzen können. Diesmal liegt es ganz in unserer Hand, die erforderlichen Entwicklungsbedingungen so positiv wie möglich zu gestalten. Das macht die zweite Lebenshälfte so kostbar, frisch und voller Schöpferkraft. Im besten Sinne werden wir jetzt zu Mentoren und Vorbildern, die bewusst und dankbar die Geschenke der einzelnen Lebensphasen erkennen, annehmen und weitergeben können: den Kindern und Enkelkindern, dem Partner und Freunden, Schülern, Klienten oder auch einfach nur uns selbst. Die Fragen zu den Themen der ersten Lebenshälfte bleiben auch in der zweiten aktuell – sie werden aber auf einer feineren Ebene erfahren, die auf der bereits vorhandenen Erfahrung aufbaut und diese widerspiegelt. Jetzt besteht die Chance, mit den Schlüsselfragen von Beginn an einen Weg zu wählen, der größtmögliches Wohlbefinden und eine gesunde Entwicklung auf allen Ebenen ermöglicht.

Von 49 bis 56 Jahren Im besten Fall verbindet sich in dem Jahrsieb von 49 bis 56 Jahren das Urvertrauen, das in der ersten Lebenshälfte im Alter von 0 bis 7 Jahren erworben wurde, mit einer ganz neuen Frische und staunenden Dankbarkeit vor den Wundern dieser Welt. Unser Vertrauen ist im »zweiten Zyklus« aber nicht mehr von Äußerlichkeiten abhängig, da wir gelernt haben, dass unsere innere Stabilität die wahre Zuflucht ist, auf die wir immer und überall bauen können. Diese Haltung ermöglicht es uns, mit Leichtigkeit neue Wege und Lösungen für alte Probleme zu finden.

Wir beginnen wieder ganz von vorn: mit dem Vertrauen zum Leben – dem ersten Tor, das in die zweite Lebenshälfte führt. Wird dieser Schritt versäumt, so ist man versucht, sich nun an alte, brüchig gewordene Sicherheiten oder Beziehungen zu klammern, anstatt diese zugunsten innerer Stabilität lächelnd los zu lassen oder mutig zu verändern.

Enkelkinder lieben ihre Großeltern oft besonders, da sie von ihnen bestens verstanden werden. Beide Altersgruppen durchwandern häufig dieselben Tore des Lebens Hand in Hand. Den Eltern der Kinder, die sich zeitzyklisch gesehen immer außerhalb der Lebensthemen ihrer eigenen Kinder befinden, bleibt diese innere, intuitive Übereinstimmung meistens ein Rätsel. Für liebevolle Großeltern und aufgeweckte Enkel ist sie ein wertvolles Geschenk.

Von 56 bis 63 Jahren Von 56 bis 63 Jahren steht wie auch in der frühen Jugendzeit (von 7 bis 14 Jahren) der rege Austausch mit der Welt im Mittelpunkt. Blieb in der ersten Lebensphase dieses Tor verschlossen, so fühlt sich der Mensch nun zu immer wieder neuen aufregenden Erfahrungen und Beziehungen getrieben. Ein Zerrbild dieses Typs ist der alternde Herr im schnellen Sportwagen neben der jungen Blondine. Im günstigen Fall haben wir bereits in der ersten Lebenshälfte die innere Balance zwischen der Hingabe eines wahrhaft Liebenden und dem mutigen Herzen eines friedvollen Kriegers gefunden. Wir wissen dann, dass diese beiden Energien einander lieben und respektieren. Sind sie in einem Menschen im Gleichgewicht, so wirkt dieser auf Menschen sehr wohltuend und anziehend. Das Geschenk dieser »zweiten« Lebensphase liegt in der Freiheit, nicht mehr im Außen nach etwas zu suchen oder sich beweisen zu müssen, weil man die Energien in seinem Inneren sicher zu lenken weiß. Diesen Reichtum teilt der Mensch dann gern in Beziehungen, die nicht von Bedürftigkeit geprägt sind, sondern von der Freude, diese Fülle miteinander und mit der Welt zu teilen.

Von 63 bis 70 Jahren In der Lebenszeit von 63–70 Jahren erreichen wir ener-getisch gesehen (wie auch in der Zeit als Jugendlicher von 14–21 Jahren) den Gipfel unserer beruflichen Kraft. In der Jugend wurde das durch die äußere Erfahrung einer erfolgreich erlebten ersten Ausbildung erreicht, nun wirkt diese Kraft dank unseres Wissens von innen nach außen. Menschen, deren Kraft zu natürlicher Würde und freundlicher Autorität heranwachsen konnte, haben es nicht nötig, andere Menschen zu demütigen oder zu dominieren. Sie geben ihr Wissen und ihre Position gern und großzügig an die Nachfolgenden weiter und verstehen sich als Teil des Ganzen, das sie mit erschaffen haben. Bleibt dieses Tor aber auch jetzt verschlossen, so klammert sich der Mensch voller Angst an seine Position und Rolle und fürchtet sich vor jeder Veränderung. Hier sind die sieben Schlüsselfragen zur Kraft eine wichtige Hilfe.

Von 70 bis 77 Jahren Mit 70 bis 77 Jahren ist wie auch im jungen Erwachsenenalter (zwischen 21 und 28 Jahren) die Herzensebene von zentraler Bedeutung. Wie und wen liebe ich und wie lebe ich Beziehung? Was bedeutet für mich Nähe, Fürsorge und erfüllender emotionaler Austausch? Die tiefe, liebevolle Beziehung zu einem anderen Menschen, der Familie und zu Freunden bildet das tragende Gerüst dieses Jahrsiebts. Einige ältere Menschen verlieren ihren Lebenspartner durch den Tod, jüngere Menschen erfahren gelegentlich die Schmerzen einer ersten Trennung – die

Tiefe des Verlustes und sein Schmerz wird in diesen Jahren als besonders schwerwiegend erlebt. Ein Umzug in ein Altersheim oder der Verlust von Heimat, Freunden und Familie wiegt für ältere Menschen, die das Geheimnis der Lebensstufen noch nicht kennen, jetzt besonders schwer. Das Geschenk, das in einer bewussten Auseinandersetzung mit diesem Lebensthema im reifen Alter liegt, ist tiefes Mitgefühl und Freundlichkeit mit sich selbst und anderen.

Wir können nun Frieden schließen mit allen unterschiedlichen Anteilen in uns und einfach lieben, was, wer und wie wir sind. Kein Schatten der Sehnsucht nach Liebe liegt mehr auf unserem Herzen, das nun selbst zum Licht wird, das uns und andere wärmt.

Von 77 bis 84 Jahren In den Jahren von 77 bis 84 steht, wie schon im mittleren Erwachsenenalter von 28 bis 35 Jahren, die Freude an erfolgreicher Kommunikation und Kreativität im Mittelpunkt. Der Austausch mit anderen über kreative Verbindungen und soziale Netzwerke ist jetzt besonders wichtig. Den jungen Erwachsenen dient es als Sprungbrett zum beruflichen Erfolg. Bei der älteren Generation bildet es eine nährende Verbindung zur Quelle ihrer Begabung und Inspiration. Ohne Einsicht in das kreative Thema dieser Lebensstufe droht häufig innere Verarmung und Vereinsamung.

Von 84 bis 91 Jahren Das Thema Wahrheit und Vision bestimmt die Zeit zwischen 35 und 42 bzw. 84 und 91 Jahren. Jetzt macht der Mensch sich keine Illusionen mehr: er ahnt, sucht und verwirklicht die Wahrheit in seinem Leben, wenn die Umstände ihm günstig gesonnen sind. Im jüngeren Alter besteht jetzt die Möglichkeit eines korrigierenden Kurswechsels, im fortgeschrittenen Alter erlaubt uns diese Phase eine klare Sicht auf unser bisheriges Leben, seine Geschenke, Herausforderungen und seine Bedeutung im Gefüge der Welt. Dieser weite Blick zu allen Horizonten trägt das Geschenk des weisen Unterscheidungsvermögens und tiefen, friedvollen Einverstandenseins mit dem, was war, in sich. Bleibt dieses wichtige Tor verschlossen und wehrt sich der Mensch aus Angst, Trauer oder Zorn gegen diese (Ein-)Sicht, so kann geistige Verwirrtheit die mutige Klarheit dieser Lebensphase trüben.

Von 91 bis 98 Jahren Die Zeit zwischen 42 und 49 bzw. 91 und 98 Jahren ist dem Betrachten und Verbinden des bisher Gelebten gewidmet. Und dem großen – in der zweiten Lebenshälfte auch endgültigen – Loslassen von gewohnten Sicherheiten, Lebensmustern und Verbindungen. Im besten Fall klammern wir uns nicht unter Angst und Schmerzen an dieses letzte Tor, sondern erfahren Einsicht und Gnade, legen allen unnötigen Ballast ab und sind offen und bereit für die letzte große Reise in unserem Leben.

49 Schlüssel zum Glück

Um Körper und Geist gesund zu erhalten, stellen wir zu jedem der sieben Tore Meditationstechniken, Körperübungen sowie Atem- oder Coaching-Techniken vor.

Das richtige Üben – wie und wo

Gemäß den uralten Überlieferungen traditionellen Wissens gelingt die Meisterung des Geistes nicht ohne den Körper – und umgekehrt.

Körper und Geist werden im Yoga und Ayurveda als untrennbare Einheit betrachtet. Ist der Mensch in Balance, so zeigt sich dies in stabiler Gesundheit, geistiger Klarheit und emotionalem Wohlbefinden.

Abweichungen von der gesunden Balance äußern sich zuerst auf einer eher subtilen Ebene in unangenehmen Gefühlen. Werden diese chronisch, so können sie zu mentalen Problemen führen. Bleibt die Ursache auch weiterhin unbehandelt, kann es schließlich zu körperlichen Erkrankungen kommen. Die ganzheitliche Behandlung setzt daher so früh wie möglich ein, um schwerwiegende Folgeerkrankungen zu vermeiden. Der Gefühlszustand eines Menschen wird ebenso wichtig genommen wie seine geistige Befindlichkeit oder sein körperlicher Gesamtzustand.

Drei Übungsformate

In der Yogaphilosophie geht man davon aus, dass der Mensch aus drei verschiedenen Hüllen besteht: Aus der sichtbaren Hülle des Körpers und den beiden unsichtbaren Hüllen der Gedanken und Gefühle. Alle drei bedingen und beeinflussen einander.

Um die körperliche Hülle gesund zu erhalten, wendet man traditionell Körperübungen, gesunde Ernährung und Entspannung an. Die geistige Gesundheit kann erfahrungsgemäß durch Atemtechniken und Coaching wirksam beeinflusst werden. Die Ebene der Gefühle spricht besonders gut auf Meditation und Gebet an. Daher gibt es in diesem Buch zur Unterstützung der Schlüsselfragen je eine Meditation, eine Körperübung und eine Atem- oder Coaching-Technik, die genau zu der jeweiligen Frage passt und ihre Wirkung optimal unterstützt.

Jeder Mensch kann entweder eine einzelne Übung wählen, die ihm passend erscheint oder auch alle drei praktizieren, wenn er sichergehen möchte, jede Ebene in sich anzusprechen. Es ist auch möglich, nur mit den Schlüsselfragen zu arbeiten und die Übungen ganz wegzulassen.

Der folgende Praxisteil bietet ein vielfältiges Angebot besonders wirkungsvoller Übungen für wichtige Lebensbereiche. Lernen Sie alle kennen und wählen Sie später selbst aus, wann Sie welche Übungen machen möchten. Jede Übung wirkt bei jedem Menschen anders: die eine mehr, die andere weniger oder auch gar nicht. Dies sagt nichts über Sie aus – sondern nur über die Wirksamkeit einer Übung bei Ihnen. Lassen Sie sich von Rückschlägen und schlechten Tagen nicht aus dem Konzept bringen und machen Sie einfach weiter, sobald Sie können. Bleiben Sie freundlich mit sich selbst und freuen Sie sich auch an sehr kleinen Schritten in die gewünschte Richtung. Eine Matte oder ein Teppich für manche entspannende Körperübung ist bei einigen Übungen hilfreich. Die meisten Übungen können aber auch im Freien

durchgeführt werden und bedürfen keinerlei Hilfsmittel. Ideal ist es, sich für jede Schlüsselfrage eine Woche lang Zeit zu nehmen und die zugehörigen Übungen täglich auszuführen. Sie können am Stück geübt oder einzeln in den Tagesablauf integriert werden.

Dieses Buch kann Sie 49 Wochen lang inspirierend begleiten. Erfahrungsgemäß ist es am besten, den insgesamt siebenwöchigen Zyklus zu einem Tor nicht zu unterbrechen. So erzielen Sie die beste Wirkung und können die Ergebnisse selbst deutlich erkennen. Zwischen den Zyklen können jedoch Pausen eingelegt werden. Beginnen Sie mit dem ersten Tor zu arbeiten, das sich in Ihrem Leben nicht vollständig geöffnet hat, und wandern Sie von dort aus weiter. Bleiben Sie neugierig und lassen Sie sich von dem überraschen, was Ihnen auf dieser Reise begegnet. Körperliche Gesundheit, geistige Frische und emotionales Wohlbefinden werden in dieser Zeit spürbar und sichtbar gefördert. Es bessern sich häufig auch viele der Symptome, die Menschen mit einem grundlegenden Ungleichgewicht im Leben kennzeichnen: Unruhe, Schlafstörungen, depressive Zustände, chronische Schmerzen, Über- oder Untergewicht, Süchte, Konzentrationsprobleme, Erschöpfung, Allergien, Immunschwäche, Hautprobleme, sozialer Rückzug und Verlust von Inspiration und Lebensfreude. Wenn Sie nach Abschluss des Buches und seiner Übungen das Gefühl haben, gern weiter üben zu wollen, können Sie einfach wieder von vorne beginnen. Es wird niemals dasselbe Erlebnis sein, sondern Sie jedes Mal auf eine tiefere Ebene führen.

Über die Fotografien

Die Körperübungen im Buch sind zum besseren Verständnis auch auf Fotos abgebildet. Sie zeigen keine Models, sondern die ungeschminkten Autoren. Beide waren zum Zeitpunkt der Fotoaufnahmen übrigens genau 49 Jahre alt. Vom ursprünglichen Zeitplan her war das eigentlich anders geplant. Wir gehen davon aus, dass dies an dem Buch liegt, das von Anfang an ein spürbares Eigenleben mit feinem Humor entwickelte.

Die Bilder zu den 49 Schlüsselfragen zeigen bei den Toren der Freude, Kraft und Kreativität einen Mann, bei den Toren des Vertrauens, der visionären Klarheit und Weisheit eine Frau. Dies entspricht gemäß unserer Erfahrung häufig den männlichen und weiblichen Ausprägungen der Kernkompetenzen, die sich idealerweise gegenseitig ergänzen und bereichern – sowohl als Anteile im Inneren jedes Menschen als auch in der Beziehung zwischen Mann und Frau. Das Tor der Liebe zeigt einen Mann und eine Frau gemeinsam – denn die Liebe als zentrales Tor des Lebens verbindet alle Gegensätze.

Die Männerserie wurde von einem Mann fotografiert, die Frauenserie von einer Frau. Wir fanden die Idee schön, Menschen vor und auch hinter der Kamera einen guten Platz zu geben. Die Paar- und Familienbilder wurden von einem Paar gemeinsam entwickelt. Alle Fotografen und Begleiter des Fotoprojekts leben und arbeiten in der Region, die sie aus jedem Blickwinkel kennen. Wir freuen uns, wenn Sie die Freude, Inspiration und Vision dieser künstlerischen Arbeit durch die Buchseiten hindurch erreicht und erfreut.

Orte zum Üben

Viele Menschen unterschätzen die Heilkraft der Natur. Auch wenn die Übungen in diesem Buch genauso gut zu Hause ausgeführt werden können, wirken sie viel kraftvoller, wenn sie an geeigneten Orten im Freien geübt werden. Ein Park oder ein Garten reichen oft schon aus. Ein Ausflug in die Natur bietet eine besondere Gelegenheit für schöne Erfahrungen mit den Übungen. In unseren Seminaren und Ausbildungen verbringen wir so viel Zeit wie möglich an Kraftorten in der Natur und an kulturell wertvollen Orten. Das Wissen und die Informationen, die auf diese Weise intuitiv erworben werden, sind unendlich vielfältig und kostbar. Menschen, die sich wohlfühlen, lernen leicht und gerne. Sie können komplexe Themen mühelos verstehen, wenn der passende Ort dazu die richtigen Impulse liefert und die Übungen diesen Flow bewusst unterstützen und aufgreifen. Aus diesem Grund haben wir für jedes Kapitel einen bestimmten Ort oder eine bestimmte Landschaft in unserer Heimat gewählt.

Wir geben aber bei jedem Ort Hinweise, wie Sie einen Platz mit ähnlicher Energie auch in Ihrer eigenen Umgebung finden können. Wenn Sie am Ende des Buches angelangt sind, haben Sie mit etwas

Glück auf diese Weise nicht nur Ihren inneren, sondern auch Ihren äußeren »Glücksweg« gefunden.

Im Yoga kennt man – ähnlich wie in der Bergsportgemeinschaft – kein »Sie«. Aus diesem Grund sind die folgenden Beschreibungen der praktischen Übungen im Buch in der persönlichen Ansprache des »Du« gehalten.

Sieben Schlüssel zum Vertrauen

Mit den sieben Schlüsselfragen zum Tor des Vertrauens kannst du in sieben Wochen viele positive Impulse für deine innere Stabilität, dein Wohlbefinden und deine Gesundheit setzen.

Die kommenden sieben Wochen sind der Gesundheit gewidmet. Erholsamer Schlaf, vollwertige Ernährung, ausreichend Bewegung, freie Atmung, positives Denken und Entspannung bilden dafür eine sichere Basis. Aus diesem Grund werden diese auch als die fünf Säulen des klassischen Yogas bezeichnet.

Vertrauen besitzt neben seiner emotionalen Ausprägung auch eine körperliche und mentale Seite. Auf der körperlichen Ebene erfährt der Mensch diese Kernkompetenz als Ausdauer, auf der mentalen als Zuverlässigkeit. Die Übungen zu diesem Kapitel fördern deine innere wie äußere Sicherheit und Geborgenheit, deine Wachheit in der Welt und deinen achtsamen Umgang mit Nahrung, Menschen, Sprache, Energie und Bewegung.

Als Kraftort für die Bilderserie der Körperübungen dieses Kapitels haben wir die Wald- und Wiesenlandschaft im Waldviertel in Niederösterreich gewählt. In dieser Region gibt es naturbelassene Landschaften mit klaren Flüssen und verborgenen Wasserfällen, zahllosen kleinen Seen und den allgegenwärtigen Wald.

Die Menschen, die hier leben, weitab von Industrie oder großen Städten, müssen erfinderisch sein, um ihren Lebensunterhalt zu sichern. Es ist ein Land der Visionäre und Künstler, Autoren und Pioniere, die neue Modelle für Gesundheit, Bildung und Inspiration weit über die Grenzen dieser kleinen Region hinaustragen. Dieses stille Land entfaltet leise seine raue Schönheit. Sie ist unaufdringlich, aber eindringlich. Überall finden sich Plätze, an denen man verweilen und Wurzeln schlagen möchte.

Du findest ideale Bedingungen für die Übungen aus diesem Kapitel überall dort, wo du dich zu Hause und geborgen fühlst. Am besten fernab von Hektik, Lärm und Menschengedränge, Orte, an denen du den Atem des Windes, das Flüstern der Bäume und das Singen der Gräser hören und den treuen Halt der Erde spüren kannst. Dieser Zyklus der Erdverbundenheit setzt die gesunde Basis für die gesamte weitere Entwicklung und ist daher besonders wichtig. Auch wenn die Übungen dir sehr einfach erscheinen, wirken sie besonders tief und nachhaltig. Beginne mit den Übungen zum nächsten Tor erst dann, wenn du das Gefühl hast, voll Vertrauen und innerer Sicherheit einen Schritt weitergehen zu können, um mutig die Welt zu erobern. Das ist ein sicheres Zeichen dafür, dass du das erste Tor vollständig erfahren hast.

1. Was gibt mir Sicherheit?

Nimm dir täglich etwas Zeit für diese Frage und betrachte die verschiedenen Rollen in deinem Leben: als Kind, als Elternteil, als arbeitender Mensch, als Partner, als Mitglied in Vereinen oder als Angehöriger einer Glaubensgemeinschaft. Was nährt dich so, dass auch schwierige Phasen dich nicht auslaugen? Und wo fehlt diese innere Sicherheit, sodass die damit verbundenen Anstrengungen dich zutiefst erschöpfen? Entscheide dich für den Weg, der dich wirklich nährt – dann wirst du Kraft genug für alles haben, was dir wirklich am Herzen liegt.

Eines der wichtigsten Elemente, das uns »nährt«, ist unsere materielle Nahrung. Das, was wir täglich zu uns nehmen, macht einen sehr großen Anteil unseres Wohlbefindens und unserer Gesundheit aus. Und nicht nur was, sondern auch wie, wann und wo wir unsere Nahrung zu uns nehmen. Die folgenden Übungen helfen dir, mehr Bewusstheit in diesen wichtigen Bereich des Lebens zu bringen. Es ist dann nur ein kleiner Schritt bis zu der Erkenntnis, was dich auch in anderen Lebensbereichen wirklich nährt.

Meditation: Gesunde Ernährung

Verzichte in den nächsten sieben Wochen auf möglichst viele der folgenden Getränke und Nahrungsmittel – so gibst du deinem Körper genügend Zeit, dir zu zeigen, wie sich diese entgiftende, vorwiegend basische Ernährungsform auf ihn auswirkt:

- Fleisch und Fisch in jeder Form, wenige oder keine Eier
- Zucker, Alkohol, Nikotin, Schwarztee und Koffein
- Milchprodukte
- haltbar gemachte Nahrungsmittel und Tiefkühlkost
- Essen, das aufgewärmt wird und/oder älter als 24 Stunden ist
- stark scharfe, süße, salzige, fettige oder saure, sehr kalte oder sehr heiße Speisen
- (möglichst wenig) Weizen, Roggen und andere glutenhaltige Getreide
- Raps- und Sonnenblumenöl
- Snacks und Fastfood

Verzehre stattdessen:
- frisch zubereitetes Gemüse und Salate
- Olivenöl, Leinöl, Ghee, Mandel- oder Cashew-Mus als gesunde Geschmacksverstärker
- vegane Aufstriche oder Avocado mit geröstetem Bio-Brot oder (Ofen-) Kartoffeln
- Gemüsesuppen in jeder Form
- frische Früchte, Nüsse, Samen, Studentenfutter als süße Alternativen zum Nachtisch
- wenige Bio-Milchprodukte wie Butter, Milch, Joghurt (besser Mandel-, Kokos- oder Reismilch probieren)
- glutenfreies Getreide wie Hirse, Reis, Quinoa, Amaranth und Buchweizen

- Agavendicksaft, Ahornsirup oder Kokosblütenzucker, ggf. Bio-Honig (nicht erhitzen) zum Süßen
- Wasser ohne Kohlensäure (gern mit frischer Zitrone oder Ingwer) und Kräutertee

Nimm dir 15 Minuten ungestörte Zeit pro Mahlzeit und kaue langsam und gründlich. Trink gerne vor, aber nur wenig zu den Mahlzeiten, um die Verdauungssäfte nicht zu verdünnen. Sprich oder lies nicht beim Essen und konzentriere dich stattdessen voll und ganz auf das gute und gesunde Essen vor dir und die Ruhepause. Verlasse laute Orte und iss in Stille und Ruhe. Lass nicht zu, dass andere dich während des Essens mit Tratsch oder ihren Problemen behelligen.

Iss nicht mehr Volumen, als 2 Fäuste voll ausmachen. Dies ist deine normale, gesunde Magengröße. Überdehnung führt zu Problemen wie Sättigungsstörungen, Sodbrennen und Übergewicht. Halte Pausen zwischen den Mahlzeiten von mindestens drei, besser vier Stunden ein. Iss ab nachmittags wenig und keine rohen Sachen mehr. Sie können nur noch schlecht verdaut werden. Gestalte dein Umfeld so, dass es dich in Bezug auf gesunde Nahrung optimal nährt. Du kannst selbst (vor-)kochen, frische Säfte oder Smoothies als schnelle Alternative wählen oder ein Bio-Restaurant aufsuchen. Beobachte die Veränderungen in und an dir und genieße sie. Nimm dir in dieser Woche bewusst Zeit, dein Essverhalten und dein Befinden bis zu zwei Stunden nach dem Essen zu beobachten. Führe in dieser Woche ein Ernährungsprotokoll und finde heraus, was dir guttut und was nicht. Notiere wann, was und wie viel du isst, unter welchen Umständen und wie du dich nach den Mahlzeiten fühlst.

Atemtechnik: Bauchatmung

Unter Bauchatmung versteht man die tiefe und bewusste Atmung, die bis tief in den Unterbauch geleitet wird. Der Bauch hebt sich leicht bei der Einatmung und mit der Ausatmung senkt er sich wieder. Unter Stress verflacht häufig die Atmung, dadurch wird weniger Sauerstoff zum Gehirn transportiert, Kreativität und Denkleistung nehmen ab, der Blutdruck erhöht sich und Stresshormone werden vermehrt ausgeschüttet. Dank der tiefen Bauchatmung bleiben diese stressbedingten Symptome aus oder werden gemildert. Möchtest du diese Wirkung noch steigern, so ziehe beim Einatmen den Beckenboden sanft nach innen und entspanne ihn beim Ausatmen.

⌂ Tiefe Entspannung

Körperübung: Tiefe Entspannung (Savasana)

Tägliche Tiefenentspannung bringt die Hormone in Balance, aktiviert die Selbstheilungskräfte und fördert die Schlaftiefe. Stresssymptome lassen nach, der Körper kann sich regenerieren.

» Sorge dafür, dass du ca. 15 Minuten lang nicht gestört wirst. Lege dich dann auf den Boden, die Beine sind mindestens hüftbreit geöffnet, die Hände liegen neben dem Körper, die Handflächen zeigen nach oben. Der Kopf liegt genau in Verlängerung des Rückens auf dem Bo- den. Er sollte weder nach unten hängen noch nach oben zeigen. Breite die Arme dann so weit aus, dass Luft unter deinen Achselhöhlen zirkulieren kann. Wenn dein Rücken schmerzt, dann stelle deine Füße hüftbreit auf und lasse deine Knie locker gegeneinander fallen. Deine Augen sind sanft geschlossen, dein Bauch ist weich und entspannt, dein Geist kommt zur Ruhe. Stelle dir deinen persönlichen Wohlfühlort vor und verweile dort. Mit jedem Einatmen hebt sich dein Bauch leicht, mit jedem Ausatmen senkt er sich wieder. Genieße die nächsten 10–15 Mi- nuten in der tiefen Entspannungshaltung.

2. Welche Bewegung bringt mir Freude?

In dieser Woche kannst du versuchen, den Spielraum deiner inneren wie äußeren Beweglichkeit zu beobachten und zu erweitern. Vermeide dazu gewohnheitsmäßige Reaktionen, vor allem solche, die von Wut, Schmerz oder Trägheit gespeist werden. Atme tief und ruhig dreimal aus und ein und schaffe so einen sicheren Raum zwischen dir und deinen üblichen Verhaltensweisen. In diesem Raum können sich dann neue und bessere Möglichkeiten entfalten, aus denen du die beste wählen kannst. Was willst du erreichen? Überlege dir zunächst in Ruhe, was das Beste ist, was du aus einer Situation machen kannst – und dann wähle weise.

Die folgenden Übungen unterstützen dich dabei, deinen inneren wie äußeren Bewegungsspielraum zu erweitern. Der Geist lernt ganz natürlich vom Körper, weil es eine unmittelbare Erfahrung ist – umgekehrt ist es schwieriger. Deshalb ist es so wichtig, dass du dich regelmäßig in der Weise bewegen kannst, die sich für dich gut und richtig anfühlt. Was das ist, kann für jeden Menschen anders sein – die Hauptsache bleibt die Freude an der eigenen Beweglichkeit – innen wie außen!

Meditation: Bewegung

Nimm dir in dieser Woche Zeit, um darüber nachzudenken, wie oft und wie viel du dich bewegst. Bewegst du dich eher passiv oder aktiv? Regelmäßig oder unregelmäßig? In einer Form, die dich begeistert oder eher anstrengt? Allein oder in der Gruppe? Ausreichend oder zu wenig?

Stelle dir in Ruhe die Bewegung vor, die du gern machen würdest und fühle in alle Details dieser Vorstellung – vom Einkauf der benötigten Kleidung und ihren Farben bis hin zu dem Ort und den Menschen oder dem Ambiente, das dir gefällt. Suche dir dann einen Ort drinnen oder draußen, an dem du dich wohlfühlst und für mindestens 10 Minuten ungestört und unbeobachtet bist. Beginne dich dann zu bewegen – erst in ganz kleinen, dann in immer größer werdenden Bewegungen – egal ob im Liegen, Sitzen, Gehen oder Stehen.

Nimm einfach nur wahr, wo du flexibel bist und wo nicht, wo dir Bewegung angenehm ist und wo es schmerzt. Folge keinen Übungen, die du kennst oder gesehen hast, sondern erfinde deine eigenen und lasse sie aus dir selbst ohne jede Vorgabe entstehen. Der gesunde Körper möchte sich bewegen und wird diese Gelegenheit gerne nutzen. Fühle, welche Bewegung dir ganz persönlich guttut, welche Geschwindigkeit, welcher Radius, welche Form und Rhythmik. Spiele ohne jedes Ziel und ohne jede Absicht oder Vorgabe mit deinen individuellen Möglichkeiten. Räume deinem Körper jeden Tag in dieser Woche mindestens

⌂ Atemwelle

10 Minuten dieser Spielzeit für freie Bewegung ein. Folge dabei nur deiner Körperintelligenz und finde heraus, welche Bewegungsform dir liegt und du vertiefen willst – in Kursen, bei Vereinen oder Tanzgruppen, allein oder im Team.

Körperübung: Atemwelle

Diese Übung harmonisiert den Körper, stärkt den Beckenboden und lindert Rückenbeschwerden und Herz-Kreislauf-Probleme. Ein starker Beckenboden stützt nicht nur die inneren Organe, sondern fördert auch einen starken Geist und emotionale Gelassenheit.

》 Stehe aufrecht und entspannt. Hebe mit dem Einatmen die Arme bis in Schulterhöhe und beuge dich sanft nach hinten. Du kannst auch einen geneigten Baumstamm als Unterstützung nutzen. Ziehe den Beckenboden dabei gleichzeitig nach innen und oben. Spüre die Weite in deinem Brustraum. Beuge dich mit der Ausatmung leicht nach vorn, lasse die Schultern dabei sinken und überkreuze die Unterarme vor der Brust. Entspanne dabei gleichzeitig deinen Beckenboden. Wiederhole diese wellenförmige, sanfte Bewegung einige Minuten lang.

Atemtechnik: Vollständige Atmung

Unter »vollständiger Atmung« versteht man die tiefe und bewusste Atmung, die von der Kehle über die Schlüsselbeine und den Brustraum bis in den Unterbauch geleitet wird.

》 Atme tief, gleichmäßig und entspannt bis in den Bauch und harmonisiere auf diese Weise die Verbindung zwischen Kopf (Gedanken), Herz (Emotionen) und Bauch (Körper). Spüre, wie die Luft durch deine Nase sanft in deinen Kopf einströmt und dann am Kehlkopf vorbei den Raum unter deinen Schlüsselbeinen mit frischer Energie füllt. Nimm wahr, wie die Luft noch tiefer bis in deinen unteren Bauchraum strömt und deinen ganzen Körper belebt und erfrischt. Wenn der Impuls zur Ausatmung einsetzt, dann nimm bewusst wahr, wie die Luft zunächst von deinem Bauch zu deinem Brustkorb strömt. Von dort fließt sie weiter in den Kopf, wo dann die alte, verbrauchte Energie durch die Nase wieder abgegeben wird.

3. Was stärkt mich?

Wenn wir uns kraftlos fühlen, gibt es ein sehr einfaches, effektives Mittel, um sich selbst wieder mit neuer, frischer Energie zu versorgen: den Atem. Er ist die feinste aller Energien und durchdringt alles. Wir können ohne Nahrung und Wasser eine bestimmte Zeit überleben, ohne Luft aber nur wenige Minuten. Es lohnt sich, dieser unsichtbaren Energie mehr Aufmerksamkeit zu schenken, denn sie lenkt unseren Geist und unsere Gedanken und hat sehr viel mehr Einfluss auf unser Befinden, als wir ahnen.

Atemtechniken sind in sehr vielen Traditionen ein wichtiges Mittel zur Regeneration der geistigen Klarheit. Nimm dir in dieser Woche bewusst Zeit für deinen Atem. Spüre dieser Kraft nach und mache dich mit ihr vertraut. Die folgenden Übungen unterstützen dich dabei.

Meditation: Atmung
» Stelle dir die Luft und das Klima vor, das dir am liebsten ist (Brise am Meer, Bergluft ...) und genieße diese Vorstellung bis ins kleinste Detail. Spüre, wie dein Brustkorb sich weitet und Hals, Nacken und Mund sich tief entspannen. Sei dir bewusst, wie diese Luft bis in die letzten Winkel deines Körpers transportiert wird und dort tiefes Wohlbefinden auslöst. Versuche in dieser Woche, so oft wie möglich an der frischen Luft zu sein, und lüfte regelmäßig, wenn du in Innenbereichen bist. Wenn du müde bist, dann verbinde dich bewusst mit diesem zeitlosen Strom von Energie.

Atemtechnik: Harmonische Atmung
Indem wir einen Gleichklang zwischen der Aufnahme und der Abgabe der Atemluft herstellen, stellen sich Balance und innere Ruhe ein. Wir muten uns dann auch im Alltag nicht mehr zu, als uns guttut.

» Zähle still von eins bis vier und atme dabei sanft durch die Nase ein; zähle dann erneut gedanklich von eins bis vier und atme dabei durch die Nase wieder aus. Fahre so für einige Minuten fort. Du kannst auch ein Wort wie »Gelassenheit« bei jedem Ein- und Ausatmen wiederholen.

⬙ Pferd

Körperübung: Pferd
(Utkata Konasana)
Diese Übung stärkt das Selbstvertrauen, kräftigt die Ausdauer und verbessert die Haltung.

❱❱ Komme in einen tiefen, gegrätschten Stand. Die Beine sind etwas mehr als hüftbreit geöffnet und die Knie gebeugt.

Die Oberarme befinden sich parallel zum Boden, die Unterarme bilden einen rechten Winkel dazu, die Handflächen zeigen nach vorn, der Blick geht geradeaus. Atme sieben Atemzüge lang ruhig und tief und ziehe beim Einatmen den Beckenboden nach innen und oben. Löse dann die Position.

4. Wie sorge ich für mich?

Wir vertrauen Menschen, die uns freundlich und wohlwollend begegnen und dabei nicht unsere Fehler an den Pranger stellen, sondern die gute Absicht wertschätzen, mit der wir handeln. Nimm dir in dieser Woche bewusst Zeit, deine Gedanken zu einem wertvollen Werkzeug von Verständnis für dich selbst und andere werden zu lassen.

Meditation: Gedanken

»Was wir denken, wird zu unserer Realität.« Dies gehört zum Erfahrungswissen aller traditionellen und modernen Forschungen. Es ist erstaunlich, dass es im Alltag so wenig genutzt wird und alte Glaubensmuster unser Potenzial oft stark eingrenzen. Was wir über unsere Gesundheit, Beziehungen, beruflichen Chancen und die Erreichbarkeit unserer Ziele denken, hat großen Einfluss auf unser Leben. Es ist also Zeit, Verantwortung für unsere Gedanken zu übernehmen. Für diesen Prozess ist es nie zu spät, solange wir noch klar denken können. Meditation bedeutet, sich seiner Gedanken bewusst zu sein und sie so zu nutzen, dass sie unsere positive Entwicklung unterstützen. Das ist nicht einfach, da sie sich wie Affen gerne unserem Zugriff entwinden und ihre eigenen Wege gehen wollen. Aber es ist möglich. Mit freundlicher Geduld und klarer Führung ist uns der Erfolg sicher. Es ist ein guter Beginn, die Gedanken bewusst mit einer positiven Situation zu beschäftigen.

Stelle dir dazu die beste, realistische Lösung eines aktuellen Problems vor und bleibe die ganze Zeit über konsequent bei dieser Vorstellung. Lasse nicht zu, dass Zweifel oder Ängste aufkommen und dein Erleben trüben oder zerstören. Versuche, mindestens 5 Minuten lang in dieser Vorstellung zu bleiben. Das Gehirn kann nicht zwischen realer und fiktiver Erfahrung unterscheiden. Je öfter du übst, desto stabiler werden diese neuen Verbindungen. Eines Tages sind sie so tragfähig, dass die Realität die Brücke zu dieser fiktiven Vorstellung überschreiten kann. Dies gilt – leider – für beide Richtungen. Auch negative Szenarien, die du dir immer wieder vorstellst, können leicht zur Wirklichkeit werden. Du allein entscheidest, was zukünftig Gestalt in deinem Leben annehmen soll.

Atemtechnik: Atempausen

Diese Atmung fördert das gesunde Gleichgewicht zwischen Aktivität und Ruhe. Die Pause nach dem Einatmen unterstützt unsere Ausdauer in anspruchsvollen, aktiven Zeiten. Nach dem Ausatmen fördert die Pause unsere Gelassenheit in Zeiten der Ruhe.

》 Atme entspannt ein und zähle dabei in Gedanken von eins bis vier. Halte dann die Luft an und zähle eins, zwei. Atme

⌃ Heuschrecke

aus und zähle dabei von eins bis vier. Halte die Luft wieder an und zähle eins, zwei. Atme dann wieder ein und fahre so für einige Minuten fort. Du kannst auch beim Ein- und Ausatmen ein langes Wort wählen wie »Gelassenheit« und für die Atempausen ein kürzeres wie »Frieden«.

Körperübung: Heuschrecke (Shalabasana)

Diese Körperübung erdet uns mit der Körpervorderseite und öffnet die Körperrückseite für Eingebungen und Inspiration. Erfahrungen aus der Vergangenheit, die eng mit der Körperrückseite in Zusammenhang stehen, können auf diese Weise positiv beeinflusst werden. Neue Möglichkeiten, Freiheit und Perspektiven eröffnen sich uns.

➤➤ Hebe in der Bauchlage sanft die Arme und Beine nach hinten und halte den Blick nach vorn oder Richtung Boden gesenkt, um den Nacken zu entlasten. Atme tief und gleichmäßig und halte die Position sieben Atemzüge lang. Entspanne dabei die Schultern, ziehe sie nach hinten und unten.

5. Mit welcher Form der Kommunikation fühle ich mich sicher?

Gefühle spielen in der Kommunikation eine wichtige Rolle. Sind sie in Aufruhr, so kann man sich nur schlecht entspannen und die Kommunikation mit anderen wird anfällig für Störungen. In dieser Woche kannst du lernen, wie du mit dir selbst und deinen Gefühlen in positivem Kontakt bleibst und damit die Basis für erfolgreiche, sichere Kommunikation mit anderen legst.

Meditation: Entspannung

Unsere Gefühle von unseren Gedanken zu unterscheiden, ist nicht einfach. Wir merken es meistens nicht, ob ein Gedanke ein Gefühl auslöst oder ein Gefühl einen Gedanken. Gefühle, die in Aufruhr sind, fördern Gedanken, welche die Realität stark verzerren – positiv wie negativ. Die meisten Menschen fühlen sich daher am sichersten, wenn sich ihre Gefühle in Harmonie befinden. (Verliebtheit ist eine der Ausnahmen.) Eine harmonische Gefühlslage erleben wir häufig in Zeiten der Entspannung. Aus diesem Grund ist aktive Entspannung so wichtig. Menschen, die Burn-out-gefährdet sind, erreichen keinen Zustand sicherer Entspannung mehr. Ihre Erschöpfung kann ein bedrohliches Ausmaß annehmen. Wir sollten daher nicht warten, bis unser Körper oder Terminplan Zeit hat, sich zu entspannen, sondern können sofort und auch im Alltag damit beginnen, unsere Gefühle zu entspannen. Unser Geist und unser Körper reagieren sehr positiv darauf und Stressreaktionen bleiben aus.

Nimm dir in den ersten Tagen dieser Woche Zeit, deinen Gefühlen Aufmerksamkeit zu schenken. Beobachte sie, ohne sie zu beeinflussen und notiere dann, in welchen Situationen du dich wie gefühlt hast – und auch, was du zuvor erlebt und gedacht hast. Gefällt dir was geschieht oder möchtest du etwas verändern? Werde dann zum Regisseur deines Lebens und vertausche die passive Rolle der automatischen gefühlsmäßigen Reaktion mit der aktiven Rolle des schöpferisch wirkenden Menschen. Du kannst in Zukunft selbst entscheiden, wie du dich fühlen willst, und schon am Morgen ganz bewusst eine innere Haltung wählen, die dich optimal unterstützt (wie »Selbstsicherheit« oder »Freundlichkeit«). Kehre dann immer wieder treu zu diesem Gefühl zurück, ganz gleich, was im Außen geschieht. Es ist hilfreich, damit eine kleine, unauffällige Geste zu kombinieren, die du bei Bedarf als Erinnerung nutzen kannst.

Lass dich auf gar keinen Fall dazu verleiten, automatisch auf die Veränderungen in der Außenwelt zu reagieren, sondern lenke selbst aktiv deinen gefühlsmäßigen Zustand.

Diese Unerschütterlichkeit wird dir den Raum schaffen, den du brauchst, um klug reagieren zu können. Der weise Mensch versteht, dass er andere nicht ändern kann – aber er kann ändern, wie er selbst auf andere reagiert. Es steht also in deiner Macht, auf ungerechtfertigte Anfeindungen und Verleumdungen nicht zu reagieren und innerlich vollkommen ruhig, entspannt und gelassen zu bleiben.

Du nimmst angriffslustigen emotionalen Wellen damit jede zerstörerische Kraft und lässt sie stattdessen am Ufer deiner Gelassenheit sanft auslaufen. So können sie keinen Schaden anrichten. Unfreundliche Äußerungen haben mit dir meistens gar nichts zu tun, sondern mit dem persönlichen Leid, dass unkontrolliert herausbricht, wenn Menschen zu sehr unter Druck stehen.

Coaching-Technik: Sinnvolle Kommunikation

Achte in dieser Woche darauf, welcher deiner fünf Sinne dir besonders wichtig ist: Das Sehen, Hören, Fühlen, Riechen oder Schmecken?

Die meisten Menschen haben einen Hauptsinn und einen Nebensinn, die für sie sehr wichtige Rollen in ihrer Kommunikation spielen. Visuell, taktil und geruchsorientierten Menschen macht man mit einem Hörbuch keine besondere Freude. Sie wollen es lieber auch sehen, riechen und anfassen können, um den Inhalt optimal zu genießen.

Für akustisch orientierte Menschen ist ein gutes Hörbuch dagegen ein Hochgenuss. Diese Menschen reagieren auch auf feinste Harmonien und Missklänge in einem Gespräch.

Forsche in dieser Woche nach deinen bevorzugten Sinneskanälen und auch nach denen der Menschen, mit denen du oft zu tun hast. Auf welchen könntest du am wenigsten verzichten?

Bemühe dich, nicht nur die gewohnten Kanäle zu nutzen, wenn du eine »sinnvolle« und für alle Seiten optimale Kommunikation wünschst, sondern achte auch auf die bevorzugten Sinneskanäle der Menschen, mit denen du dich austauscht. Nutze körperliche Gesten wie eine Umarmung oder eine freundliche Berührung für taktil empfängliche Menschen, wenn es angemessen ist. Setze visuelle Hilfsmittel für Augenmenschen ein und hörbare für auditive Menschen.

⌃ Halber Bogen

Körperübung: Halber Bogen (Ardha Dhanurasana)

Diese Position stärkt Rücken, Ausdauer und Präsenz. Die beiden Gehirnhälften werden durch die Überkreuzbewegung zur harmonischen Zusammenarbeit angeregt, Intuition und analytisches Vorgehen werden dadurch gefördert.

» Komme in die Bauchlage und fasse mit der rechten Hand zu deinem linken Knöchel. Hebe den linken Arm und das rechte Bein oder lasse beide am Boden abgestützt – so wie es für dich angenehm ist. Halte diese Position sieben Atemzüge lang und wechsle dann die Seiten. Solltest du zu Beginn den Fuß nicht mit deiner Hand erreichen, so nimm ein Handtuch oder einen Gurt zu Hilfe.

6. Welche Perspektive schenkt mir Zuversicht?

Manchmal gerät unser Leben außer Kontrolle – jäh durch unvorhergesehene Ereignisse oder auch schleichend durch immer mehr Verpflichtungen, denen wir automatisch nachkommen, bis wir nicht mehr können. In beiden Fällen brauchen wir Perspektiven, die das Licht am Ende des Tunnels zeigen. Aber auch, wenn es uns gut geht, ist es sinnvoll, leuchtende Spuren in eine positive Zukunft zu legen, um Trägheit und Stillstand vorzubeugen.

Die folgenden Übungen helfen dir dabei, wieder eine gute Balance zu finden.

Meditation: Balance
In den letzten fünf Wochen hast du die fünf Säulen des Yoga kennengelernt: gesunde Ernährung, ausreichend Bewegung, freie Atmung, Zeit für Meditation und tiefe Entspannung. Welche Auswirkungen hatten die Übungen auf deine Gesundheit? Was willst du beibehalten? Nimm dir jeden Tag zehn Minuten Zeit, die Ergebnisse deiner Arbeit ehrlich zu betrachten und tiefer in dein Leben zu integrieren.

Coaching-Technik: Ziele »smart« gestalten
Ziele werden im optimalen Fall »smart« gestaltet. Wenn du sie nicht smart formulieren kannst, haben sie ein hohes Risiko, zu scheitern. Versuche daher, sie nach folgenden Richtlinien zu strukturieren. Die Buchstaben SMART stehen dabei für folgende Bedeutungen:

S für eine bildliche Vorstellung deines erreichten Ziels. Je deutlicher du in deiner Vorstellung dein Ziel sehen, hören und fühlen kannst, desto wahrscheinlicher wird es eintreten.

M steht für messbare Ergebnisse. Es geht um überprüfbare Fakten, die unmissverständlich aussagen, ob du deinem Ziel näher kommst. Was muss eintreten, wenn du dein Ziel erreicht hast? Dazu sollte das Ziel selbst positiv und ohne Vergleiche formuliert sein.

A bezieht sich auf eine anziehende attraktive Zielvorstellung und die ehrliche Motivation, etwas dafür zu tun. Sonst bleibt es nur ein Wunsch und ist kein Ziel.

R steht für realistisch im Sinne von selbst durchführbar. Das Ziel sollte so formuliert werden, dass nur solche Verhaltensweisen erforderlich sind, die du selbst ausführen kannst und willst.

T bedeutet terminiert oder zeitlich festgelegt auf ein Datum.

Erstelle am ersten Tag dieser Woche eine Liste darüber, was dir in den nächsten Monaten wirklich wichtig ist – die Ziele, die du erreichen, oder die Fähigkeiten, die du erwerben willst.

⌃ Tiefe Hocke

Ordne deine Impulse dann nach Wichtigkeit und beginne mit der »smarten« Formulierung deines ersten Ziels. Am besten zunächst ein kleines. Später kannst du damit auch größere Ziele formulieren.

Körperübung: Tiefe Hocke (Malasana)

Diese Haltung stärkt und entspannt den unteren Rücken, fördert die Verdauung und wirkt beruhigend. Sie gibt Sicherheit und Halt und fördert das Gefühl der Ganzheit.

» Komme in die Hocke und lege beide Hände flach vor dir auf die Erde. Lass den Kopf entspannt hängen und die Schultern locker. Wenn du die Fersen nicht absetzen kannst, dann lege einen dicken Ast unter deine Fersen. Atme tief bis in den Bauch und halte die Position sieben Atemzüge lang.

7. In welchem Glauben fühle ich mich geborgen?

Es gibt zahlreiche Untersuchungen, die belegen, dass Menschen, die Sicherheit aus einem Glauben beziehen, schneller genesen und weniger anfällig für Krankheiten sind als jene, die das nicht tun. Die Macht, die in positiven Gedanken und im Glauben liegt, gehört zu den ältesten und stärksten Heilmitteln der Menschheit.

In der westlichen Welt leben wir heute wohlversorgt und frei in einer Welt, die Menschen aus anderen Ländern oft wie ein Paradies erscheint. Es besteht daher wenig Anlass, auf eine bessere Welt zu hoffen, denn wir leben bereits in einer fast perfekten Welt. Der Glaube wird so für viele zur Nebensache. Erst wenn tiefe Brüche unser Leben spalten oder wir mit dem Sterben konfrontiert sind, erinnern sich viele an eine höhere Macht. Wie können wir die Heilkraft des Glaubens nutzen, auch wenn wir nicht gläubig sind? Glaube ist nicht Gewissheit. Wir können also frei wählen, woran wir glauben wollen. Ein wichtiges Merkmal der Heilkraft von Glauben liegt darin, dass wir uns darin geborgen fühlen. Forsche in dieser Woche deinem ganz persönlichen Glauben nach und prüfe, wie tragfähig er ist. Vor allem dann, wenn in Notlagen jeder menschliche Erklärungsversuch versagt.

Meditation: Vertrauen

In den letzten Wochen hast du wichtige Pfeiler für Gesundheit und Wohlbefinden kennengelernt und sie in deinem Leben in die bestmögliche Balance gebracht. Nun ist es Zeit, den Raum, der dadurch entstanden ist, dankbar zu würdigen. Dieser Raum bietet dir derzeit die optimalen Bedingungen für dein Wohlergehen und deine Entwicklung. Sei dir selbst jeden Tag einige Minuten lang dankbar für alles, was du bisher für dich getan hast. Deine Kraft und dein Vertrauen werden direkt von dieser Dankbarkeit gespeist.

⌃ Angenehme Meditationshaltung

Körperübung: Angenehme Meditationshaltung (Sukhasana)

Innere Festigkeit und Freude wird durch diese innere wie äußere Haltung der Welt gegenüber kultiviert. »Sukh« bedeutet Freude, »Asana« Haltung.

» Nimm eine Sitzhaltung ein, in der du die Beine angenehm überkreuzen kannst. Die Knie sollten dabei nicht höher sein als die Hüften. Du kannst dein Becken mit einem festen Sitzkissen erhöhen, bis deine Knie den Boden sanft berühren. Kissen oder Klötze, die seitlich die Knie abstützen, können diese entlasten. Ist der Schneider-sitz dennoch schmerzhaft oder schwierig, so schiebe genügend kleine oder ein großes Kissen unter dein Becken und sitze dann bequem im Reitersitz. Deine Unterschenkel liegen dann parallel zueinander auf dem Boden. Ist dir auch dies nicht möglich, so sitze auf einem Stuhl, ohne dich anzulehnen und stelle beide Füße sicher auf den Boden. Die Beine sind hüftbreit geöffnet. Die Hände liegen entspannt auf deinen Knien. Du kannst auch Daumen und Zeigefinger jeder Hand sanft aneinanderlegen. Diese Fingeryogaübung nennt man »Chin Mudra«.

Der Daumen steht für das höhere Bewusstsein, der Zeigefinger für Willenskraft. Wenn deine Wünsche sich im Bewusstsein von Ganzheit friedlich auflösen, so entsteht auf anmutige Weise Raum für Gelassenheit, Vertrauen und heiteren Frieden. Sitze jeden Tag für etwa zehn Minuten in dieser Haltung, lächle dir selbst freundlich zu und halte die Fingerhaltung. Richte dabei den Rücken auf und ziehe das Kinn leicht zur Brust, um den Nacken zu strecken. Atme entspannt gleich lang ein wie aus. Sei dir dabei der Bedeutung der Haltung deiner Sitzposition und Fingerhaltung bewusst. Kehre immer wieder konsequent, aber gelassen dorthin zurück, wenn du abschweifst.

Atem- und Meditationstechnik: Mantra »Om«

Mantren entsprechen in der traditionellen Überlieferung den hörbaren Bausteinen des Universums. Es gibt viele unterschiedliche Mantren. Einige leiten Veränderungen ein, andere erhalten die Stabilität. Sie werden »gechantet«, das heißt wiederholt, ähnlich wie bei den christlichen Rosenkranzgebeten. Der Geist kommt in ihrem Rhythmus zur Ruhe und kann sich erholen.

Om ist ein Laut, der seit Jahrtausenden zur Meditation verwendet wird. Om besteht eigentlich aus drei Silben, A U M, und der Stille, die danach kommt. So steht OM bzw. A U M für die Einheit aller Dreiheiten. Das Tönen von Om verbindet uns mit der Schöpfung.

≫ Sitze in einer bequemen Meditationshaltung, atme tief ein und töne mit dem Ausatmen zunächst A, dann gehe sanft über zu U und zum Schluss zu M. Mit dem nächsten Einatmen hole tief Luft und töne erneut. Fahre einige Minuten fort.

Sieben Schlüssel zur Freude

Die sieben Schlüssel der Freude bringen uns in Kontakt mit der Fähigkeit zu sozialer Interaktion und zum spielerischen Bewältigen von Problemen.

Sie aktivieren die tief verborgenen Ressourcen unserer kindlichen Neugier und Hingabe an freudigem Spiel. Dies schützt uns im späteren Leben vor Depression, Burn-out und zu frühem Altern.

Im frühen Jugendalter erfährt der Mensch nach der Geborgenheit der Kindheit nun das Prinzip des mutigen Aufbruchs in die Welt. In dieser Lebensphase geht es um das Erlernen einer gesunden, harmonischen Balance zwischen den Gegensätzen und Herausforderungen des Lebens und den Archetypen von »Mann« und »Frau«. Eine gute Basis für diese Entwicklung bilden die »Yamas«, die Richtlinien sozialen Verhaltens im Yoga. Sie fördern Gelassenheit und innere Stärke. Dies wirkt auf gute, stabile Beziehungspartner sehr anziehend. Manipulation,

Gewalt, Betrug, Abhängigkeit oder Egoismus haben keine Chance bei Menschen, die selbst in guter Balance sind.

Vielen Jugendlichen fehlen Vorbilder, an denen sie sich orientieren und wachsen können. Es ist wunderbar, wenn Kinder den wertschätzenden Umgang zwischen Mann und Frau an den eigenen Eltern oder inspirierenden Paaren erleben können. Wir können auch achtsam und freundlich mit unserer Sprache und unseren Handlungen umgehen, die das andere Geschlecht betreffen. Dies stärkt den Selbstwert, gesunde Grenzen und spätere Beziehungen. Das feine Spiel von Nähe und Distanz in der Interaktion ermöglicht die sichere Wahrnehmung und Schulung der eigenen Grenzen und den Respekt vor denen anderer Menschen. Gewalt, Gleichgültigkeit und Demütigung verletzen die gesunden, natürlichen Grenzen des heranwachsenden Kindes und ersetzen sie durch Angst, Resignation oder Hass. Ohne gesunde, inspirierende Vorbilder ist es schwierig, in konflikthaften Situationen später anders zu reagieren, als wir es als junge Menschen erlebt haben. Es erfordert große mentale Stärke und emotionale Reife, alte Muster zu durchbrechen. Denn unter Stress greifen die meisten Menschen nicht auf neue, sondern auf gewohnte Strategien zurück – auch wenn sie das nicht wollen und sich später (wenn sie sich wieder beruhigt haben) dafür schämen und anklagen.

Als Kraftort für die Übungsbilder zum Tor der Freude haben wir das Kamptal ge-

wählt. Es ist ein magischer Ort mit tiefen, stillen Tannenwäldern, glasklarem goldenem Wasser und gewaltigen, runden Granitsteinen. Eine kraftvoll männliche Landschaft mit rauem Charme. Friedensreich Hundertwasser hat viele Jahre hier in seiner Wassermühle gelebt. Gute Orte für die Übungen in diesem Kapitel findest du in unberührter, ungezähmter Natur und an ursprünglichen Flussläufen.

Die folgenden Übungen aktivieren die innere wie äußere Balance und stabilisieren die eigene Identität. Sie eröffnen neue Wege und Horizonte zu berührenden Erfahrungen, Beziehungen und zu mutigen Entdeckungsreisen in innere und äußere Erfahrungswelten.

8. Was weckt meine spielerische Neugier?

Der wichtigste Antrieb zur Entdeckung des Neuen ist die Neugier. Ohne Neugier würden wir nur wiederholen, was bekannt ist. Denn das gibt Sicherheit. Sicherheit ist das Gegenteil von Neugier. Kinder, die nichts anderes tun, als sich ständig zu verändern – körperlich wie geistig – sind Meister der Neugier. Vor allem, wenn sie sich sicher fühlen. Geborgenheit ist eine wichtige Voraussetzung für spielerische Neugier. Kinder, die diesen Schutz nicht erfahren, werden hart, um sich selbst zu schützen. In dieser erzwungenen Härte gibt es wenig Raum für neugieriges Spiel. Die kreativen und sozialen Fähigkeiten des Menschen beruhen zu einem großen Teil auf der sehr langen Jugendzeit des Menschen. Kein anderes Säugetier verbringt so viel Zeit mit neugierigem Spiel wie er. Die Fähigkeit der menschlichen Spezies, ungewöhnliche Lösungen zu finden und sich in vielfältigsten Fertigkeiten zu beweisen, ist einmalig. Aus diesem Grund ist es so wichtig, Kindern und jungen Menschen zu erlauben, ohne äußere Vorgaben zu spielen. Am besten mit anderen Experten auf diesem kreativen Gebiet – Kindern. Langeweile ist ein Alarmzeichen dafür, dass Kindern zu oft Unterhaltung von außen geboten wird, die ihre Kreativität lähmt, oder sie zu wenig Kontakt mit anderen spielfreudigen Kindern haben.

Auch für Erwachsene gilt: Spiel ist das beste Mittel gegen Erstarrung. Wenn wir Angst haben, müde, krank, gefährdet oder wütend sind, so gibt es keinen Raum für Spiel und keine neuen Wege, die wir erkennen könnten. Wir sitzen fest. In dieser Woche kannst du ganz bewusst deine kindliche Neugier wieder aktivieren und deine Möglichkeiten neu erforschen. Die Übungen sind so gewählt, dass sie deinen sozialen und individuellen Spielraum auf wirkungsvolle Weise fordern und fördern.

Meditation: Gewaltlosigkeit (Ahimsa)

»Ahimsa« bedeutet, sich selbst und anderen weder körperlich noch sprachlich oder in Gedanken Leid zuzufügen – und auch nicht Tieren oder Pflanzen. Es ist das erste soziale Prinzip oder »Yama« in der Yogaethik.

Das beste Mittel gegen Gewalt ist Liebe. Jedes Mal, wenn du wütend wirst, leidest du. Manchmal so sehr, dass dann auch deine Umgebung mitleiden muss. Wenn du wütend bist, dann höre sofort mit dem auf, was du gerade tust und atme ein paar Mal tief ein und ein aus.

Dann konzentriere dich auf das Gefühl der Liebe – indem du an etwas denkst, das dir leichtfällt, zu lieben: dein Haustier, deinen Garten, dein kleines Kind. Trinke ein großes Glas Wasser, um die

Wut zu verdünnen. Bewege aktiv deinen Körper, bis du kräftig schwitzt. Atme tief ein und aus, um das feine Gift der Wut zügig auszuscheiden. Sei freundlich mit dir, solange die Wut in dir brennt. Lass aber niemals zu, dass die Wut größer wird als deine Liebe. Deine Wut ist ein zorniges Kleinkind, das die Folgen seines Verhaltens nicht erkennen kann – deine Liebe kann dieses Kind freundlich, aber entschlossen vor grobem Schaden bewahren. Diese Fähigkeit befreit dich von negativen Verhaltensmustern und Zwangsgedanken. Und auch die Menschen in deiner Umgebung werden sich in deiner Nähe sicher und geborgen fühlen.

Gönne dir in dieser Woche täglich zehn Minuten freies Spiel. Wenn du nicht mehr weißt, wie das geht oder du unsicher bist, dann beobachte kleine Kinder und lerne von ihnen. Zeichne im Sand. Fange Blätter im Wind. Erfinde einen neuen Tanz oder ein Spiel. Folge keinen Vorgaben von außen, sondern lasse ganz tief in deinem Inneren entstehen, was Form annimmt.

Körperübung: Hocke (Malasana)

Diese Körperübung wirkt erdend, stärkend und stabilisierend. Wir erkennen an, dass wir Meister unserer Gefühle und Gedanken sind und können den richti-

❖ Hocke

gen Zeitpunkt erkennen und geduldig abwarten.

❯❯ Stelle deine Füße etwas mehr als hüftbreit auf und komme dann mit geradem Rücken langsam in eine tiefe Hocke. Wenn du die Fersen nicht absetzen kannst, dann stelle sie auf eine gerollte Decke oder zwei gleich dicke Bücher. Im Freien kannst du Äste oder flache Steine unter deine Fersen legen. Lege dann die Hände vor der Brust aneinander und drücke mit den Ellbogen die Knie leicht nach außen. Richte deinen Rücken dabei so gerade wie möglich auf. Atme nun tief in den Bauch und verbinde dich mit jedem Einatmen mit der Kraft der Erde. Lass diese Kraft dann mit dem Ausatmen in deinen ganzen Körper strömen.

Atemtechnik: Erdende Atmung

Diese Atemtechnik gibt dir Halt und Kraft, wenn du dich unsicher, hilflos oder wütend fühlst. Die Erde trägt uns immer, sie ist wie eine liebende Mutter, die uns sicher hält und uns niemals wegstößt – ganz gleich, wie wir uns fühlen oder was wir getan haben.

❯❯ Du kannst diese Atemtechnik überall und jederzeit ausführen. Sie kann auch während eines Gesprächs geübt werden, in dem du dir mehr Sicherheit wünscht. Stelle dazu beide Fußsohlen flach auf den Boden und spüre mit jedem Einatmen, dass du tief mit der Erde verwurzelt bist. Atme diese Ruhe tief ein und verteile die Energie mit dem Ausatmen in deinem Körper. Fahre so fort, bis du dich ganz und gar ruhig und sicher fühlst.

9. Wie bewahre ich mein inneres Gleichgewicht?

In dieser Woche stärken wir die Basis für den mutigen, verantwortungsvollen Umgang mit den Herausforderungen in unserem Leben. So gewinnen wir auf kluge Weise Raum für neue Sichtweisen und Lösungen. Wenn wir scheitern, haben wir eine Erfahrung gemacht und können sie sofort für den nächsten Versuch nutzen. Scheitern ist nur die verborgene Hälfte der Lösung.

Nimm dir jeden Tag einige Minuten Zeit, um freudiges Scheitern zu üben. Die Körperübung dieser Woche könnte dafür eine schöne Gelegenheit bieten. Wenn dir diese aber zu leichtfällt, kannst du versuchen, einen schwierigen Tanzschritt zu üben oder ein paar Sätze in einer neuen Sprache. Es sollte dir nicht zu leichtfallen, dann ist es genau richtig. Und es sollte dir genug Spaß machen, damit du weitermachst, auch wenn du fällst. Dies hält dich jung, flexibel und offen. Es bewahrt dir deine Anmut und deine Fähigkeit zu wachsen.

Meditation: Wahrhaftigkeit (Satya)

»Satya« zu leben, bedeutet keine Unwahrheit zu sprechen und keine Wahrheit von sich zu geben, die andere kränkt. Es hat auch damit zu tun, sich der eigenen Gedanken und Worte und ihrer Wirkung bewusst zu sein, um sie so hilfreich und unterstützend wie möglich zu benutzen. Dies erzeugt eine klare, reinigende Atmosphäre. Wahrhaftigkeit führt zu Furchtlosigkeit, Gelassenheit und Klarheit – denn wer der Wahrheit ins Gesicht blicken kann – auch sich selbst gegenüber – ist immun gegen jede Täuschung und Manipulation. Man muss sich selbst und anderen nichts mehr vortäuschen und kann daher entspannt genau so sein, wie man ist. Ehrliche Menschen haben niemals ein Problem damit, zuzugeben, wenn sie einen Fehler gemacht haben – und sie können sich aufrichtig dafür entschuldigen. Schlechte Nachrichten überbringen sie mitfühlend, aber standfest und ehrlich. Sie sind beliebte Führungskräfte, zuverlässige Freunde und Partner.

Coaching-Technik: »SCORE«

Das **S.C.O.R.E.-Modell** ist eine Struktur zu Problemlösung und Zielfindung. Es ist eine gute Hilfe, um sicherzustellen, dass man alle wesentlichen Informationen erfasst hat.

Hinter S.C.O.R.E verbergen sich fünf Fragen, die wichtige Informationen liefern. Schon allein die Beantwortung der Fragen kann eine Veränderung bewirken und vor zermürbenden Gedankenspiralen schützen.

Symptom: Was genau ist das Problem?

Cause: Was ist der Grund dafür?

⌂ Krähe

Outcome: Was genau möchtest du? Was ist dein konkretes Ziel?

Resource: Was brauchst du dafür? Welche Unterstützung hättest du gern?

Effect: Wie wird es sein, wenn du dein Ziel erreicht hast?

Überlege dir, welche Herausforderung du in deinem Leben auf diese Art und Weise besser meistern könntest.

Körperübung: Krähe (Bakasana)

Diese Körperübung stärkt Rücken, Schultern und Arme, den Gleichgewichtssinn und den Mut, freudig und furchtlos voranzugehen.

❯❯ Komme aus der Hocke langsam nach vorn, indem du die Hände vor dir auf den Boden legst und die Finger kraftvoll spreizt. Stütze die Knie auf den Oberarmen ab, spanne die Bauchmuskeln an und hebe die Füße – blicke dabei nach vorn und halte die Stellung.

10. Wie schaffe ich Raum für Freude?

Als Kinder hatten wir ein inniges Verhältnis zur Freude – sie konnte ohne jede Zurückhaltung offen gefühlt und gezeigt werden. Als Erwachsene sind wir meistens etwas vorsichtiger geworden und wenden viele Filter an, bevor wir uns dem Gefühl der Freude hingeben – wir zögern und zweifeln oft und verpassen damit die reine Freude, die es nur in der Gegenwart gibt. Irgendwann wundern wir uns, dass sie unserem Leben lieber fernbleibt und sehnen uns traurig nach ihr zurück.

Die Übungen dieser Woche unterstützen dich dabei, den Boden deines Bewusstseins so vorzubereiten, dass die Saat der Freude darin ungehindert aufgehen kann. Die Freude ist eine enge Freundin von Liebe und Dankbarkeit. Sie fragt nicht nach Gegenleistung, handelt nicht und betrügt nicht. Als Ausdruck wahrhaftiger, freundlicher Präsenz liebt sie es, aufrichtig zu geben und zu empfangen. Eine weitere Nährquelle der Freude ist der Raum, den wir ihr bewusst in unserem Leben einräumen. Wenn unser Alltag angefüllt ist mit ungeliebten Terminen und Verpflichtungen, wo soll die Freude da Raum finden? Geübte Meister der Meditation können auch bei den alltäglichsten Verrichtungen tiefe Freude empfinden. Nimm dir bewusst jeden Tag etwas Zeit, die Freude in dein Leben einzuladen wie einen lieben Gast. Anlässe, Freude zu empfinden gibt es genug: unsere Gesundheit, unsere Freiheit, unser Zuhause, ein Lächeln, die Natur ... oder wir schaffen Freude, indem wir sie anderen bereiten. Einfach so.

Meditation: Nicht stehlen (Asteya)

Wenn wir nehmen, was uns nicht gehört, schaffen wir damit ein negatives Feld, das letztlich auf uns selbst zurückfällt, auch uns werden dann früher oder später Dinge weggenommen. Je mehr wir hingegen aufrichtigen Herzens geben und teilen, desto mehr fließt auch wieder zu uns zurück. »Asteya« bedeutet aber noch viel mehr. Es bezeichnet auch die Feinfühligkeit, anderen keine Zeit, Energie oder Aufmerksamkeit zu rauben und unsere Ressourcen großzügig zu teilen, wo es möglich und notwendig ist. Denn wie kann unser Glück auf dem Boden der Habgier gut und kräftig wachsen? Das ist nicht möglich. »Asteya« ist die natürliche Folge von »Satya«. Wer Wahrhaftigkeit lebt, befindet sich in einem natürlichen Austausch von Geben und Nehmen und bereichert sich niemals an anderen.

↑ Baum

Körperübung: Baum
(Urdhva Vrikshasana)

Diese Übung stärkt das innere wie äußere Gleichgewicht. Sie verbindet uns mit der Harmonie von Geben und Nehmen. Tief verwurzelt in der Erde und genährt vom Licht und Wasser des Himmels entwickelt der Baum seine reinigende Kraft, die er seiner Umgebung schenkt.

❯❯ Verlagere dein Gewicht im Stand auf das linke Bein und lege deinen Fuß an die Wade oder den Oberschenkel – aber nicht an das Kniegelenk. Bringe die Hände zunächst vor dem Brustkorb zusammen und hebe sie dann weiter über den Kopf nach oben. Du kannst sie auch zur Seite ausstrecken. Fixiere mit den Augen auf dem Boden einen Punkt, der sich nicht bewegt. Bleibe so sieben Atemzüge lang oder sieben Minuten lang stehen und wechsle dann die Seiten.

Coaching-Technik: »Moment of Excellence«

Der »Moment of Excellence« erzeugt eine besonders wohltuende Stimmung im Leben eines Menschen. Es ist eine Übung, die Ressourcen aktiviert, Stress lindert und Heilungsprozesse fördert.

Durchführung: Überlege dir eine Geste oder Berührung, die du unauffällig ausführen kannst. Stelle dir dann eine Situation vor, in der du dich absolut sicher und wohlfühlst.

Gehe innerlich ganz in diese Situation und erlebe sie mit all deinen Sinnen. Was siehst du in diesem Moment? Welche Geräusche, Klänge, Worte oder Töne hörst du? Welche Gefühlseindrücke oder körperlichen Empfindungen berühren dich in dieser Situation? Gibt es einen bestimmten Geruch oder Geschmack? Je intensiver du deine Wahrnehmungen gestalten kannst, desto besser.

Wenn das gute Gefühl am stärksten ist, dann führe die kleine Geste oder Berührung aus, die du dir zuvor überlegt hast.

Je unauffälliger, desto besser. So kannst du sie überall nutzen, auch vor anderen Menschen.

Mache jetzt eine kurze Pause und entspanne dich. Denke an etwas ganz anderes. Zum Beispiel an die Farbe deiner Wohnungstür oder an dein letztes Mittagessen ... Dies dient dazu, deine Gedanken zu beruhigen.

Führe die Geste dann erneut aus und beobachte, ob das gute Gefühl sich wieder einstellt. Du kannst die bisherigen Schritte auch wiederholen, wenn du dir nicht sicher bist.

Wenn es funktioniert, dann kannst du in belastenden Situationen auf diese kleine Hilfe zurückgreifen, um dich wieder in einen guten Zustand zu bringen. Probiere es einfach aus. Wenn das nicht der Fall ist, keine Sorge: Nicht jede Methode wirkt bei jedem Menschen gleich gut. Probiere dann einfach eine andere der bisher vorgestellten Techniken aus, die besser zu dir passt.

11. Was ist meine größte Freude?

Diese Woche bringt uns in Kontakt mit der Essenz unserer Freude. Wenn wir wissen, was uns zutiefst Freude bereitet, dann hören wir auf, uns nach immer wieder neuen und anderen Dingen zu sehnen. Wir wissen dann, was wir wirklich brauchen und wie wir gut für uns sorgen können. Zu unserer eigenen Freude und der unserer Umgebung. Wenn wir froh sind, teilt sich das auch anderen mit. Und wir verstehen dann auch, dass andere glücklich sein wollen. Neid und Missgunst sind Gefühle, die Menschen fremd sind, die gut mit den Wurzeln ihrer Freude verbunden sind. Darum ist es so wichtig, das Wissen um die Bedingungen und die Essenz der eigenen tiefen Freude zu bewahren. So können wir jeden Moment nutzen und genießen, indem es möglich ist, unsere Freude zu leben.

Meditation: Mäßigung (Brahmacharya)

»Brahmacharya« bedeutet auch »Enthaltsamkeit« oder Bescheidenheit. Als Kinder brauchten wir nicht viel, um glücklich zu sein. Medien und Erziehung wollen uns oft glauben machen, dass wir erst bestimmte Dinge erreichen und erwerben müssen, bevor wir glücklich sein können. Das stimmt nicht. Wir brauchen uns nur zu erinnern. An den Geruch von warmem Gras im Sommer, an das Gefühl von kühlem, erfrischendem Wasser, an den Anblick schneebedeckter Berge bei Sonnenschein oder an das Zusammensein mit Freunden. Je weniger man braucht, um glücklich sein zu können, desto reicher wird man. Erstelle eine Liste von den Dingen, die du meinst zu brauchen, um glücklich sein zu können. Dann erstelle eine weitere Liste, mit Dingen, die dich als Kind glücklich gemacht haben. Vergleiche die beiden Listen und wähle die Dinge aus, die du in das Zentrum deiner Freude stellen willst.

Coaching-Technik: Wunderfrage

Jeder Mensch braucht Hoffnung. Unter Stress kann es geschehen, dass Gedanken unablässig kreisen. Die Wunderfrage dient dazu, dieses Gedankenkarussell zu stoppen und einen oder mehrere leuchtende Pfade in die Zukunft zu legen. Sobald die Gedanken beginnen sich mit positiven, glaubhaften neuen Inhalten zu befassen, ändert sich auch die Geisteshaltung. Das äußere Handeln folgt dann den Veränderungen im Inneren.

Frage dich selbst: »Wenn sich alles in meinem Leben in sechs bis zwölf Monaten genau so entwickeln würde, wie es unter den günstigsten Umständen derzeit möglich ist, wie würde das dann aussehen?« Benenne deine idealen, aber realistischen Vorstellungen zu deinem Wohnort, zu deinen Beziehungen, deiner Arbeit, deinen kreativen Fähigkeiten und deiner Gesundheit.

⌃ Standwaage

Wenn es mehrere »ideale« Lösungsbilder gibt, dann entwirf mehrere Szenarien. Übernimm die Hauptrollen in diesen neuen »Filmen« und spüre, fühle, höre und sieh dich in neuem Licht. Auf diese Weise bereitest du neuen Möglichkeiten und Chancen in deinem Leben den Weg.

Körperübung: Standwaage (Viravadrasana)

Diese Körperübung schult das Gleichgewicht und fördert die Kraft der Mitte. Sie stärkt das Durchhaltevermögen und die sichere Balance. Wir spüren den Effekt kleinster Abweichungen und lernen genau abzuwägen, was uns in unsere eigene Mitte bringt.

❯❯ Verlagere im Stand das Gewicht auf das rechte Bein. Beuge dich nun gerade nach vorn und strecke das linke Bein dabei gerade nach hinten. Linkes Bein, Rücken und Kopf bilden eine Linie. Beide Hüften zeigen Richtung Boden und befinden sich auf einer Höhe. Die Arme zeigen nach vorn oder zur Seite. Halte die Stellung sieben Atemzüge lang und wechsle dann die Seiten.

12. Wie drücke ich meine Freude aus?

In dieser Woche geht es darum, der Freude in unserem Leben sichtbaren Ausdruck zu verleihen. Sie still in uns zu fühlen, ist völlig in Ordnung. Sie mit etwas Besonderem zu würdigen, ist noch besser. Freude liebt es, wenn sie gefeiert wird und lädt dann noch viel mehr Anteile von sich ein. Denn sie teilt gern mit anderen und ist in ihrem Element, wenn sie gesehen wird. Von uns und von anderen. Je mehr Ausdruck wir ihr erlauben, desto lieber und öfter zeigt sie sich.

Meditation: Nicht horten (Aparigraha)

Aparigraha bedeutet auch »nicht anhaften« oder »Aufgabe von Gier und Gewinnsucht«. Dazu gehören auch regelmäßige Phasen des Weggebens von alten Dingen und körperliche Entschlackungsphasen. Neue Energie, Jugendlichkeit und Frische sind die Geschenke dieser Praxis. Und – je freier man sich fühlt, desto mehr Raum hat die Freude im Leben. Entrümple in dieser Woche deinen Kleiderschrank, Kühlschrank und/oder dein Büro. Verschenke oder verteile, was du nicht mehr benutzt oder benötigst. Feiere das Ergeb-

nis mit einem Freudentanz, einem Lied, einem Festessen ... was auch immer dir entspricht. In den letzten Wochen hast du geübt, der Freude Raum zu geben und ihr Herz zu entdecken. Jetzt ist es Zeit, sie sichtbar zu machen – welche Rituale der Freude kennst du? Woran erkennen andere, ob du dich freust und wie erkennst du es bei anderen? Frage nach, wenn du dir nicht sicher bist. Versuche auch, deine Freude deutlicher zu zeigen, als du es sonst tust – nur probehalber. Vielleicht macht es dir ja Spaß, ungehemmt zu tanzen, zu lachen oder andere zu umarmen? Ein Freudenbild zu malen, zu komponieren, einen Kuchen zu backen? Ein Gedicht zu schreiben? Jeder Ausdruck von Freude ist willkommen.

Atemtechnik: Siegreiche Atmung (Ujayi)

Diese Atmung erhöht die Vitalkapazität der Lunge und pflegt die Stimme und die Stimmbänder.

》Atme mit einem zarten inneren Hauchton und leicht verengten Stimmritzen bei geschlossenem Mund ein und aus. Behalte diese Atemweise einige Minuten bei. Du kannst sie auch üben, wenn du dich müde oder ausgelaugt fühlst.

⬦ Tänzer

Körperübung: Tänzer (Natajarasana)

Diese Körperübung fördert freudvolle Balance und macht den Weg frei in eine leuchtende Zukunft. Sie zeigt die vollendete Balance zwischen unseren intuitiven und strukturstarken Fähigkeiten. Während die eine Körperseite komprimiert wird, kann sich die andere ausdehnen und entfalten – sie arbeiten harmonisch und anmutig zusammen.

❯❯ Komme in einen sicheren Stand und fasse mit der linken Hand nach hinten zu deinem linken Fuß. Strecke den anderen Arm nach vorne in dein wunderbares Leben vor dir. Spüre die Erde unter dir, deine Fähigkeiten hinter dir und deine Möglichkeiten vor dir. Halte die Stellung sieben Atemzüge lang und wechsle dann die Seiten. Wenn du deinen Fuß nicht fassen kannst, dann strecke das linke Bein einfach nur nach hinten.

13. Wie bringe ich Freude in die Welt?

In dieser Woche geht es darum, selbst Freude in die Welt zu bringen. Diese Fähigkeit hängt eng mit der Selbstliebe zusammen. Denn wenn ich mich selbst nicht wertschätze, wie kann ich dann annehmen, dass andere sich über mich und mein Tun von Herzen freuen? In den letzten Wochen hast du viel über die Freude und ihre wichtige Bedeutung für Gesundheit, Inspiration und Wohlbefinden erfahren. Jetzt geht es um die praktische Umsetzung. Versuche, dich in dieser Woche von außen zu betrachten und wahrzunehmen, ob die Freude in dir, zu dir und von dir frei fließen kann. Ein gesunder Fluss braucht Quellen und Zuflüsse, von denen er gespeist wird und Abflüsse, die ihn weitertragen.

Gibt es diese Balance in deinem Leben? Und wenn nicht, wie kannst du sie herstellen? So wirst du frei und dankbar selbst zur Quelle und zum Empfänger von Freude. Die folgenden Übungen fördern und stärken deine Fähigkeit dazu.

Meditation: Die Balance der fünf Yamas

In den vergangenen fünf Wochen hast du die fünf »Yamas«, die yogischen Richtlinien sozialen Verhaltens, kennengelernt. Sie können zu einer reichen Quelle der Freude werden und verschaffen uns und anderen Sicherheit, Freude und Wohlbe-

finden. Es ist dabei gar nicht so wichtig, ob andere sich an diese Richtlinien halten – viel wichtiger ist es, dass du selbst es tust. Lasse dich daher nicht provozieren oder verletzen von Menschen, die ihre inneren Dämonen noch nicht kontrollieren können oder wollen. Die fünf Richtlinien gewähren zuverlässigen Schutz vor unfairen oder gehässigen Angriffen und Situationen. Du kannst sicher sein, dass du selbst völlig unbeschadet bleibst, solange du dich daran ausrichtest. Überprüfe daher regelmäßig, ob die fünf Yamas von Gewaltlosigkeit, Wahrhaftigkeit, Großzügigkeit, Mäßigung und Nichthorten dir sicheren Schutz bieten. Wo ist dieser Schutz stabil, wo gibt es noch Lücken zu schließen? Wenn du dir nicht die Zeit nimmst, sie zu finden und die betreffenden Yamas intensiv zu üben, öffnen diese »Lücken« negativen Energien Tür und Tor. Je mehr du aber die Yamas in deinen Alltag integrierst, desto erfolgreicher und harmonischer werden deine sozialen Beziehungen sich gestalten.

Atemtechnik: Herzatmung

Diese Atmung unterstützt deinen Blutkreislauf, lindert Lungen- und Herzbeschwerden und mildert Rheuma.

》Breite im Stehen die Arme weit zu beiden Seiten aus und fülle dein Herz und die Lungen mit frischer Energie. Halte den Atem an und visualisiere, wie die Energie aus dem Herzen ins Blut und durch den ganzen Körper bis in Hände und Füße

⬧ Held

und weiter in die Umwelt bis über den Horizont fließt. Dann atme aus, schließe die Arme und leite die Energie zurück ins Herz – stelle dir dabei vor, wie dein Herzzentrum mit jeder Einatmung größer, kräftiger und strahlender wird.

Körperübung: Held (Virabhadrasana)

Die Krieger- oder Heldenhaltung verhilft zu innerem Standvermögen, Mut und Ausdauer. Sie stärkt Flexibilität und Kraft.

» Komme in einen sicheren Stand und bringe dann das rechte Bein weit nach hinten. Die Beine sind etwa eine Beinlänge weit geöffnet, der hintere Fuß etwas nach außen gedreht. Halte beide Arme in einer Linie, strecke die Finger und schaue nach vorn in deine sichere, beschützte Zukunft. Achte darauf, dass sich dein Knie immer über dem Knöchel befindet, um dein Kniegelenk zu schützen.

14. Was ist mein Platz in der Welt?

In den letzten sechs Wochen hast du die Faktoren kennengelernt, welche die Freude in deinem Leben nähren und hast sie in die dir derzeit bestmögliche Balance gebracht. Dieser Prozess führt dazu, dass auch immer klarer wird, welche Rolle und welcher Platz im Leben dir am meisten entspricht. Die Freude ist der Königsweg dorthin. Lass dir Zeit, in dieser Woche deinen Platz im Gefüge der Welt zu erspüren. Wo fühlst du dich sicher und voller Freude, auch wenn große Herausforderungen an dich herangetragen werden?

Meditation: Freude

In dieser Woche kannst du etwas Neues wagen: Entspanne dich und gib deiner Wahrnehmung freien Raum. Wenn du Bilder und Gedanken vorgibst, gestaltest du den Raum um dich und in dir. Wenn du innerlich frisch, leer und klar wirst wie der Himmel, dann erhältst du Zugang zu einer höheren Ebene als deinem alltäglichen Bewusstsein. Dort finden sich ganz ohne dein Zutun ideale Wege und Bilder. Nicht umsonst haben viele Forscher und Pioniere berichtet, dass sie die Lösung, nach der sie in ihren Arbeitszeiten lange und vergeblich intensiv gesucht hatten, »ganz unerwartet im Schlaf oder beim entspannten Spazierengehen gefunden hätten«, als sie gar nicht mehr daran gedacht haben. Du hast dich in den letzten Wochen intensiv mit dem Thema der Freude befasst, das eine wichtige Voraussetzung für erfolgreiche Kommunikation bildet. Schenke dir nun den Raum, dass die Dinge sich auf einer höheren Ebene neu ordnen dürfen. Nimm dir dazu zehn Minuten Zeit am Tag, um im sicheren Gewahrsein der Freude zu verweilen und deinen Geist dabei ruhig, entspannt und offen zu halten.

Atemtechnik: Mantra So Ham

》 »So Ham« ist ein »Nirguna Mantra« ohne andere Bedeutung als die direkte Ansprache an das Göttliche. Übersetzt bedeutet es einfach nur: »Ich bin« oder »Ich bin alles«. Wenn es laut oder auch lautlos wiederholt wird, erzeugt es tiefe Gelassenheit, Frieden und heitere Freude. Es gibt nichts zu tun, denn alles ist schon da und ist gut, so wie es ist. Mit dem Einatmen denke oder sage »So« mit dem Ausatmen »ham«. Fahre einige Minuten so fort und übe dieses Mantra immer dann, wenn du dich traurig oder unruhig fühlst oder du Sicherheit brauchst.

Körperübung: Friedvoller Held

Diese Körperübung wirkt herzöffnend, stabilisierend und kräftigend. Sie schöpft ihre Kraft aus der Verbindung der Tatkraft des Helden mit der Demut liebender Hingabe.

>> Stelle die Füße im Abstand von etwa einer Beinlänge parallel auf und schaue nach vorn in die Richtung, in die auch deine Fußspitzen weisen. Blicke dann nach links und drehe dabei die linke Fußspitze ebenfalls nach links. Hebe die linke Hand weit über deinen Kopf. Drehe die Handfläche zu deinem Gesicht und blicke in deine Handfläche. Werde dir dabei der Macht und Auswirkung deiner Handlungen bewusst. Beuge das vordere Bein und strecke das hintere gerade aus. Der hintere Arm ruht entspannt auf dem hinteren Bein. Halte die Stellung sieben Atemzüge lang und wechsle dann die Seiten.

⌃ Friedvoller Held

Sieben Schlüssel zur Kraft

Die sieben Schlüssel der Kraft aktivieren das lebendige Feuer von Begeisterungsfähigkeit und gesundem Selbstwert.

Die sieben Schlüssel der Kraft schenken auf der körperlichen Ebene Stabilität, auf der mentalen Ebene unterstützen sie das Selbstvertrauen und auf der emotionalen Ebene die innere Sicherheit. Die Übungen dieses Kapitels fördern Körperbewusstsein und neue berufliche Horizonte, kraftvolle Begegnungen mit dir selbst und anderen und Klarheit über das Bewusstsein deiner Kraft und Richtung im Leben.

Wir haben für die Bilder dieses Kapitels die mittelalterliche Burg Rappottenstein aus dem 12. Jahrhundert als ein Symbol für Kraft und strategische Stärke gewählt. Sie wurde niemals erobert und bietet Bewohnern und Gästen bis heute sicheren Schutz, Herberge und Bewirtung.

Du kannst gut geeignete Plätze für die folgenden Übungen überall dort finden, wo klare, sichere Strukturen zuverlässig und beschützend auf dich wirken. Das können solide Gebäude sein oder auch beeindruckende Felsen, tiefe Wälder oder hohe Berge.

In den nächsten Wochen kannst du die Faktoren, die deine Kraft beeinflussen, genauer kennen lernen und die Wohltat gesunder Grenzen erfahren. Erfolgreiche Kommunikation ist von gesundem Selbstwert, klarer Präsenz und natürlicher Würde geprägt. Menschen erkennen und vertrauen dieser authentischen Kraft, die ohne Machtanspruch und Dominanz auskommt. Das Geheimnis dieser natürlichen Würde liegt in den

»fünf Richtlinien für das persönliche Verhalten« begründet, den »Niyamas«. Du wirst ihre kraftvolle Wirksamkeit als Meditationsthema der nächsten sieben Wochen erfahren. Der »Sonnengruß« ist eine körperliche Hymne an die feurige Sonnenkraft, die in allen Menschen lebt. Jede Woche wirst du eine Position davon kennenlernen, um am Ende ihren vollständigen »Flow« zu genießen.

Menschen, die in Berufen arbeiten, die nicht ihren Begabungen entsprechen, fehlt die Freude, die Arbeit zum Vergnügen werden lässt – und auch das Selbstbewusstsein, ihr Bestes geben zu dürfen. Ohne Freude und Selbstbewusstsein wird Arbeit mühselig und qualvoll. Burn-out und Depression sind oft Zeichen eines langjährigen Irrweges. Mithilfe der sieben Schlüsselfragen zur Kraft können wir die Quellen unserer Kraft wieder zum Sprudeln bringen und das Feuer in unserem Herzen neu entfachen. Hände und Geist können dann in einer Tätigkeit erblühen, die ihnen wirklich liegt. Es ist nie zu spät für einen guten Neuanfang.

15. Was ist die Quelle meiner Kraft?

In dieser Woche geht es darum, die Quelle der eigenen Kraft klar zu erkennen. Durch andere Menschen wurde uns viel darüber erzählt, was uns aus deren Sicht stärkt und Kraft gibt. Jetzt geht es darum, ganz offen und ehrlich bei sich selbst Inventur zu machen, um festzustellen, was davon für uns wirklich stimmt und was nicht. Jeder Mensch ist anders und für jeden Menschen sind andere Dinge und Sichtweisen richtig. Was gibt dir tatsächlich Kraft? Für den einen Menschen kann der tägliche Gang in die Natur eine wichtige Kraftquelle sein, für den anderen Meditation oder Sport.

Eine echte Kraftquelle sollte nicht von der Gunst eines anderen Menschen oder den Umständen unseres Lebens abhängen. Wenn wir mit unserer Kraftquelle verbunden sind, dann sind wir nicht beeindruckbar durch fremde Ziele oder vergängliche Konsumgüter. Wir haben gefunden, was uns wirklich wertvoll ist. Nimm dir in dieser Woche Zeit, deinen Kraftquellen nachzuspüren und sie zu pflegen.

Meditation: Reinheit (Saucha)

Das erste »Niyama« – oder die erste Richtlinie für »das persönliche Verhalten« in der Yogaphilosophie – bezieht sich auf die Reinheit des Körpers, der Gedanken und der Gefühle. »Saucha« ist das Bemühen darum, den eigenen Körper innerlich wie äußerlich rein zu halten. Äußerlich durch regelmäßiges Waschen, Hygiene und saubere Kleidung, innerlich durch gesunde, frische Nahrung und den Verzicht auf schädigende Substanzen, Gedanken und Gefühle.

Was wir denken, dem folgen Taten. Aus diesem Grund bedeutet »Saucha« auch, sich darum zu bemühen, keine »Gifte des Geistes« wie Groll, Neid, Eifersucht, Begehren oder Abneigung in sich zu nähren. Übe in dieser Woche »Saucha« und beobachte, wie deine Kraft dabei in dir fließt.

Körperübung: Bergstellung (Tadasana)

Diese Körperübung macht uns frei von allem, was wir nicht sind und zeigt uns genauso, wie wir sind. Sie erdet, zentriert und klärt Gedanken und Gefühle. Wir stehen fest und unerschütterlich im Leben »wie ein Berg«.

» Stehe hüftbreit und halte die Knie minimal gebeugt. Drücke das Steißbein nach unten und fühle so die Länge im Rücken. Zieh die Schulterblätter leicht zusammen und lasse die Schultern sinken. Die Arme hängen entspannt neben deinem Körper. Bewege das Kinn leicht zur Brust, sodass dein Nacken gerade aufgerichtet ist. Der Blick geht entspannt in Augenhöhe nach vorn. Du kannst auch die Augen sanft schließen. Das Gewicht ist auf beiden Füßen gleichmäßig verteilt, die Zehen sind entspannt, der Atem fließt frei und leicht bis tief in den Bauch. Halte die Position einige Minuten lang und spüre dabei bewusst deine Stabilität.

Atemtechnik: Reinigende Atmung

Diese Atemtechnik wirkt blutreinigend, vertreibt Müdigkeit und stärkt die Lunge.

>> Atme im Stehen vollständig ein und halte die Luft an. Während du die Luft anhältst, beklopfe mit den Fingerspitzen deinen Brustkorb. Wenn du die Luft nicht mehr länger anhalten kannst, dann beuge dich nach vorn, stütze dich dabei mit den Händen auf deinen Oberschenkeln ab und atme durch den Mund geräuschvoll aus. Richte dich dann wieder auf und atme einige Male normal ein und aus. Hole dann wieder tief Luft, halte die Luft an und »betrommle« den Brustkorb diesmal rasch und energisch mit den flachen Händen. Fahre dann fort wie in der ersten Runde. In der dritten Runde beklopfst du den Brustkorb mit den Fäusten – dem »Gorillatrommeln«.

⬆ Bergstellung

16. Wie spüre ich meine Kraft?

Im Fokus dieser Woche steht die Wahrnehmung der eigenen Kraft. Es ist von großer Bedeutung, ob wir selbst die Richtung und das Tempo unseres Lebens bestimmen oder ob wir das Gefühl haben, dass andere das für uns tun. Ohne die Wahrnehmung unserer Kraft lassen wir uns oft passiv durch das Leben tragen – dann leben nicht wir unser Leben, sondern das Leben lebt uns.

Wenn wir selbst unser Leben gestalten wollen, brauchen wir Mut und die Bereitschaft, volle Verantwortung für unser Leben zu übernehmen. Niemand anderer kann das für uns tun, wenn wir gesund und erwachsen sind. Denn niemand weiß besser als wir selbst, was gut für uns ist. Wir sind einzigartig und es gibt keinen anderen Menschen, der uns genau gleicht. Wenn wir die volle Verantwortung für uns selbst übernehmen, dann gibt es kein Nörgeln und keine Vorwürfe. Wir haben erkannt, dass wir selbst die Umstände gestalten und suchen, die unser Leben bestimmen.

Mache dir in dieser Woche bewusst, wie und wo du deine Kraft spürst. Ist es eine feurige Kraft in deiner Mitte wie ein Vulkan, eine eher fließende, sanfte Energie wie Wasser oder eine klare, präsente wie ein Baum oder Berg? Ist sie zart und fein wie ein Duft oder eine Blume? In welchen Organen spürst du sie? In welcher Farbe, welcher Intensität? Wie häufig? Und in welchen Situationen? Kannst du sie rufen, wenn du sie brauchst und sie dann sicher zum Wohle aller einsetzen und lenken? Nimm dir Zeit für diese Fragen, und lasse dich überraschen von der warmen Kraft, die dich stärkt und dir das Leben ermöglichen kann, das du dir immer gewünscht hast.

Meditation: Zufriedenheit (Santosha)

In sich selbst zu Hause zu sein und dem Leben in tiefer, aufrichtiger Dankbarkeit und positiver Gestimmtheit im Hier und Jetzt zu begegnen – das ist für die meisten Menschen ein seltener Zustand. Medien suggerieren uns, dass wir uns verändern müssen, noch mehr erwerben sollen, einen besseren Partner finden könnten und noch viel mehr. Sie behaupten, wir müssten dafür Zeit, Geld oder Anstrengung investieren – und dann könnten wir endlich glücklich sein. Das ist aber ein Irrtum. Wir sollten dieser Manipulation keinen Glauben schenken. Denn wer immer darauf wartet, dass sein Leben besser wird, wenn er dies oder das »geschafft« hat, der verpasst den einzigen Moment, in dem Leben möglich ist – die Gegenwart. In dieser Woche geht es darum, das Gefühl von »Einverstandensein« und Zufriedenheit mit dem Leben zu üben, wie es jetzt ist. Unabhängig davon, ob es schon genau so ist, wie wir es uns wünschen oder nicht.

⬧ Stehende Rückbeuge

Das könnte dir sehr schwerfallen, wenn das Programm »Ich muss doch erst ...« bei dir noch aktiviert ist. Stelle es in dieser Woche daher auf lautlos und betritt einen neuen Raum in deinem Inneren, in dem schon alles gut ist, so wie es jetzt ist. Es könnte nicht anders sein, weil du bisher so gelebt hast, wie du es getan hast. Niemand außer dir trägt die Verantwortung dafür, wenn du bereits erwachsen und geistig gesund bist. Wenn du mit deinem Leben nicht einverstanden bist, dann kannst du es ändern. Ob mit oder ohne Hilfe, entscheidest du. Doch damit es sich ändern kann, ist es wichtig, den Krieg zu beenden und Frieden zu schlie-ßen mit dir und deinem Leben, so wie es jetzt ist. Nur in Friedenszeiten können notwendige Aufräumarbeiten sicher und wirksam durchgeführt werden. Solange Krieg herrscht, ist das nicht möglich.

Körperübung: Stehende Rückbeuge
Diese Körperübung befreit das Herz und bringt Raum in Brustkorb und Lunge. Sie zeigt unsere Größe, fördert Aufrichtigkeit und Mut.

>> Hebe die Arme in einer sanften, weiten Bewegung nach vorne und oben. Strecke deine Wirbelsäule, beuge dich leicht

nach hinten und halte die Handflächen schulterbreit voneinander entfernt – die Handflächen zeigen dabei zueinander, die Finger und Arme sind kraftvoll gestreckt. Der Blick geht Richtung Himmel oder Hände. Atme tief und halte die Position einige Atemzüge lang.

Atemtechnik: Sonnenatmung (Suriya Beda)

Das rechte Nasenloch ist die Tür zu »Pingala Nadi«, der Sonnenenergie in unserem Körper. Es ist jene Energie, die für Aktivität, Mut, Kraft und körperliche Bewegung zuständig ist. Disziplin, Durchhaltevermögen und Standfestigkeit werden aktiviert.

» Verschließe dein linkes Nasenloch mit dem kleinen Finger und Ringfinger der rechten Hand. Atme jetzt rechts ein, ohne dabei ein Geräusch zu machen. Wenn du eingeatmet hast, verschließe dein rechtes Nasenloch mit deinem rechten Daumen. Halte einige Sekunden den Atem an (Kumbhaka). Für die Ausatmung öffnest du das linke Nasenloch und atmest links gleich lang aus. Fahre einige Minuten fort, indem du wieder von ganz vorn beginnst. Du atmest dabei immer durch das rechte Nasenloch ein und durch das linke aus.

17. Wann und wie setze ich Grenzen?

Freundlich und klar mit sich und anderen umgehen zu können, stärkt und stabilisiert unser Leben. Häufig merken wir zu spät, dass wir erschöpft, müde, traurig oder wütend sind, weil wir im Alltag nur wenig Zeit haben, unsere Gefühle wahrzunehmen. Erst wenn Ärger oder Enttäuschung sich in Wutanfällen entladen, wir wegen Kleinigkeiten ungewollt in Tränen ausbrechen, Panikattacken erleiden, depressiv werden oder uns chronische Schmerzen plagen, werden wir aufmerksam und merken, dass etwas nicht stimmt.

Diese Woche ist dem Raum gewidmet, unsere eigenen Grenzen und die anderer sicher wahrzunehmen. Die Übungen dieser Woche unterstützen dich dabei, klar zu erkennen wie es dir und anderen geht und dabei freundlich die eigenen und fremden Grenzen zu achten.

Meditation: Tiefes Schauen (Svadyaya)

Wenn es dir oder einem Menschen, den du liebst, nicht gut geht, kannst du das »tiefe Schauen« üben. Betrachte zunächst den körperlichen Zustand: Ist es gesunde Nahrung, ausreichend Schlaf oder Bewegung, die dein Körper braucht, um sich besser zu fühlen? Wenn ja, dann weißt du, was zu tun ist. Iss in Ruhe etwas, ruhe dich aus oder bewege dich.

Wenn körperliche Ursachen nicht zutreffen, dann prüfe im zweiten Schritt, ob dein Geist sich an starren Konzepten festhält und die Situation dadurch unnötig unflexibel wird. Wähle in diesem Fall eine Atemtechnik wie die Wechselatmung oder die tiefe Bauchatmung, die dich rasch wieder in eine anmutige Balance bringt. Eine hilfreiche, unterstützende Frage an dich selbst ist hier: »Was ist das Beste, das ich jetzt aus dieser Situation machen kann?«

Wenn deine Gefühle verletzt sind, dann wähle im Akutstadium eine Meditation, die dich beruhigt. Denke zum Beispiel beim Einatmen ein Wort wie »Trost« oder »Liebe«, und bei dem Ausatmen ein Wort wie »Loslassen« oder »Freiheit«, bis es dir wieder besser geht. Frage dich ehrlich: »Wo sind meine Grenzen? Und wie kann ich sie freundlich, aber deutlich zeigen?« Wenn du deine Grenzen anderen Menschen gegenüber nicht formulieren oder erkennbar zeigen kannst, wird es immer wieder zu Situationen kommen, in denen du dich nicht respektiert und tief verunsichert fühlst.

Vermeide nach Möglichkeit jedes Handeln und jede Kommunikation, solange du nicht im Gleichgewicht bist – vor allem, wenn du wütend bist. Teile deinem Gegenüber besser mit, dass du eine Auszeit brauchst und wiederkommst, wenn du dich beruhigt hast. Einige Minuten Zeit zum Atmen, eine Stunde Pause für Bewegung oder ein Nachmittag kreativer

⬥ Stehende Vorbeuge

Betätigung – entscheide selbst, welche dieser bewährten Methoden dich und der Situation am besten unterstützen. Je öfter du das tiefe Schauen übst, desto schneller wirst du merken, was du gerade brauchst. Am Ende werden nur noch sehr selten Engpässe entstehen, weil du schon im Vorfeld gut für dich sorgen kannst.

Körperübung: Stehende Vorbeuge (Uttanasana)

Diese Körperübung wirkt verjüngend, kreislaufstabilisierend und entgiftend. Sie reinigt Bauch und Eingeweide, entlastet die Schultern und den Rücken. Das Loslassen von alten Sichtweisen wird unterstützt und die Eigenwahrnehmung gestärkt. Der Blick geht nach innen.

» Komme aus der stehenden Rückbeuge langsam Wirbel für Wirbel nach unten. Versuche, die Beine gestreckt zu halten. Wenn dies nicht möglich ist, beuge sie, bis du die Hände entweder auf den Boden oder an den Waden ablegen kannst. Entspanne dich, lasse den Kopf hängen und atme tief bis in den Bauch. Halte die Position einige Minuten.

Atemtechnik: Feueratmung (Kapalabathi)

Diese Atemtechnik wirkt anregend und aktivierend. Sie klärt den Kopf und die Gedanken und wirkt entgiftend. Sie sollte nicht bei Bluthochdruck oder bei Kopfschmerzen geübt werden. In diesem Fall ist es besser, die tiefe Bauchatmung wählen.

» Sitze aufrecht im Schneidersitz oder einer Haltung deiner Wahl. Lege dann deine linke Hand auf den Bauch, die rechte halte mit der Handfläche nach unten vor dein Gesicht. Stelle dir vor, du würdest mit der Atemluft deiner Nase eine Feder, die auf der Hand liegt, weit wegpusten wollen. Du atmest mehrmals schnell und kurz über die Nase aus, dein Bauch bewegt sich dabei in kurzen, kraftvollen Bewegungen mit. Die Einatmung geschieht von ganz allein. Atme etwa 10-mal kurz und schnell aus und achte dabei auf die Bewegung des Bauches.

Atme nun 2-mal ganz normal ein und aus und lege die Hände dabei entspannt auf deine Beine. Atme wieder ein und fülle die Lunge zu zwei Dritteln mit Luft. Halte jetzt die Luft an, schließe die Augen und ziehe den Beckenboden nach innen und oben. Atme aus, wenn du die Luft nicht länger anhalten kannst. Atme wieder einige Male normal ein und aus, um den Atem zu beruhigen.

Wenn du dich gut fühlst, dann wiederhole diese Übung 1- bis 2-mal. Bleibe dann noch einen Moment mit geschlossenen Augen aufrecht sitzen und fühle die starke Energie in deinem Körper.

18. Welche Faktoren beein-
flussen meine Kraft?

Selbstliebe und gesunder Selbstwert stehen im Mittelpunkt dieser Woche. Viele Menschen mögen ihr eigenes Verhalten oft selbst nicht und werten sich dabei selbstkritisch ab. Oder sie erfahren Kritik von außen und reagieren darauf aggressiv oder verletzt. So verlieren aber sie viel Freude und Kraft. Man kann immer selbst entscheiden, wie und ob man auf Provokation reagiert und ob man bereit ist, sich davon beeinflussen zu lassen.

Wenn wir begreifen, dass jedem Verhalten von uns (und auch dem von anderen) eine grundsätzlich positive Absicht zugrunde liegt, dann können wir uns selbst und andere auch in schwierigen Momenten unverändert wertschätzen. So können wir neue und bessere Wege finden, um unsere Ziele bestmöglich zu erreichen.

Meditation: Redliches Bemühen (Tapas)

»Tapas« bedeutet, mit konsequenter Disziplin und positiver Energie an Dinge heranzugehen und zu jedem Zeitpunkt sein Bestes zu geben. Diese Grundeinstellung ermöglicht eine positive Lebenseinstellung, natürliche Anmut und Würde. Sie verhindert Trägheit und Kraftlosigkeit.

Wenn ich »Tapas« übe, dann weiß ich, dass ich immer mein Bestes gebe, und das ist genug. Ob es auch für andere genug ist, liegt nicht in unserer Verantwortung. So können wir innerlich auch bei Vorwürfen ganz ruhig bleiben. Wir müssen dann weder argumentieren noch uns streiten, wenn andere nicht mit uns zufrieden sind. Wir kennen unsere Fähigkeiten, unsere Möglichkeiten und Grenzen, wenn wir »Tapas« aufrichtig üben.

Coaching-Technik: Gute Absicht

Menschen treffen gemäß ihrer Vorstellung von der Welt grundsätzlich die beste ihnen mögliche Wahl. Dabei ist jedes Verhalten durch eine ursprünglich positive Absicht motiviert.

Das ignoriert nicht die möglichen negativen Auswirkungen einer Handlung – aber es ermöglicht, den Wert eines Menschen niemals infrage zu stellen – auch wenn sein Verhalten durchaus fragwürdig sein kann.

Wer tief genug schaut, erkennt zum Beispiel im Übergewicht eines Menschen das Bedürfnis nach Schutz und Geborgenheit. Im übermäßigen Alkoholkonsum steckt häufig das fehlgeleitete Bedürfnis nach Entspannung und Trost.

Kein Verhalten eines Menschen ist grundsätzlich sinnlos. Sobald wir das verstanden haben, können wir dieses Verhalten auch positiv verändern. Wenn wir etwas nicht verstehen, nehmen Gefühle von Sinnlosigkeit, Wut oder Trauer

⬡ Sprinter

den ganzen Raum ein, in dem positive Veränderung möglich wäre.

In dieser Woche geht es darum, die verborgenen guten Absichten von Verhaltensweisen zu erkennen. Welches Verhalten an dir selbst oder an anderen stört dich? Welcher Wunsch könnte dahinterstehen?

Körperübung: Sprinter (Anjaneyasana)

Diese Übung schult die wache Aufmerksamkeit für den richtigen Zeitpunkt. Sie lehrt die Harmonie zwischen inneren

und äußeren Bedingungen. Dabei stärkt sie die Balance und die Muskulatur des gesamten Körpers.

» Komme aus der stehenden Vorbeuge in den Sprinter, indem du ein Bein weit nach hinten auf den Boden stellst. Ziehe die Schultern dabei nach hinten und achte darauf, dass Kopf, Rücken und Bein eine gerade Linie bilden. Richte den Blick nach vorn und drücke dich mit den Händen kraftvoll vom Boden weg. Halte die Position einige Atemzüge und wiederhole die Position dann, indem du das andere Bein nach hinten stellst.

19. Welche Form der Kommunikation ist meine wirksamste?

In dieser Woche geht es um die Erkenntnis, dass nicht das, was man sagt, sondern, was der andere versteht, die reale Wirklichkeit sozialer Nähe darstellt. Die Bedeutung von Kommunikation liegt also in der Reaktion, die man erhält, und nicht in der Aktion, die man setzt. Widerstand beim Zuhörer bedeutet demnach mangelnde Flexibilität beim Sprecher. Wenn etwas nicht funktioniert, ist es sinnvoll, etwas anderes auszuprobieren – und nicht, dasselbe mit mehr Nachdruck zu tun. Kommunikation bedeutet also auch, offen zu sein für alles, was funktioniert. Etwa die Bereitschaft zur Suche nach Lösungsalternativen.

Versuche in dieser Woche wahrzunehmen, wann es in deinen Auseinandersetzungen um Macht geht. Gib diesen dann bewusst keinen Raum mehr, sondern stoppe sie sofort. Beobachte sehr ehrlich, wie andere auf dich reagieren, und frage dich, ob es das ist, was du wirklich willst. Wenn nicht, dann probiere ein anderes Verhalten aus.

Meditation: Hingabe (Ishvara Pranidana)

Wenn etwas überhaupt nicht funktioniert und kein Ausweg mehr sichtbar ist, dann gilt es, loszulassen. Es ist der geistigen Gesundheit sehr zuträglich, zu erkennen, dass nicht alles in der eigenen Macht liegt, sondern dass es eine höhere Kraft gibt – wie auch immer man sie nennen mag. Dieser Kraft zu vertrauen, schenkt Gelassenheit, Stärke und Würde.

Gib in dieser Woche dein Bestes. Wenn die Dinge trotzdem nicht so funktionieren, wie du es dir vorgestellt hast, dann ärgere dich nicht darüber. Höre auf, jederzeit und über alles die Kontrolle behalten zu wollen, und lasse wirklich los. Atme, entspanne dich bewusst in Momenten größter Herausforderungen und übergib die Führung einer höheren Instanz, wie auch immer du sie dir vorstellst. Wenn du diese Haltung übst, dann wird sie dir und anderen auch Trost und Halt in Krisen und an Schicksalstagen geben.

⬙ Planke

Körperübung: Planke (Dandasana)

Diese Körperübung stärkt den Rücken, die Schultern und Arme. Die Körpermitte, die innere Aufrichtigkeit und das Durchhaltevermögen werden gekräftigt, die Körperhaltung verbessert.

❯❯ Komme aus der stehenden Vorbeuge mit einigen kleinen Schritten oder einem Sprung nach hinten in die Planke. Kopf, Nacken, Rücken und Beine bilden eine gerade Linie. Halte die Stellung einige Atemzüge lang.

Coaching-Technik: Sechs Schritte zum Glück

Diese Technik stellt ein wirkungsvolles Instrument dar, um ein ungeliebtes Verhalten positiv umzuwandeln. Es eignet sich besonders gut für Veränderungen von genau definierten Verhaltensweisen wie Rauchen, Nägelkauen, häufigem Naschen …

Folge den sechs Schritten und nimm dir ausreichend Zeit, die gute Absicht in einem ungeliebten Verhalten zu erkennen. Dies setzt ein Umdenken voraus, das von Freundlichkeit und Wohlwollen getragen ist statt von Abwertung und Selbstkritik.

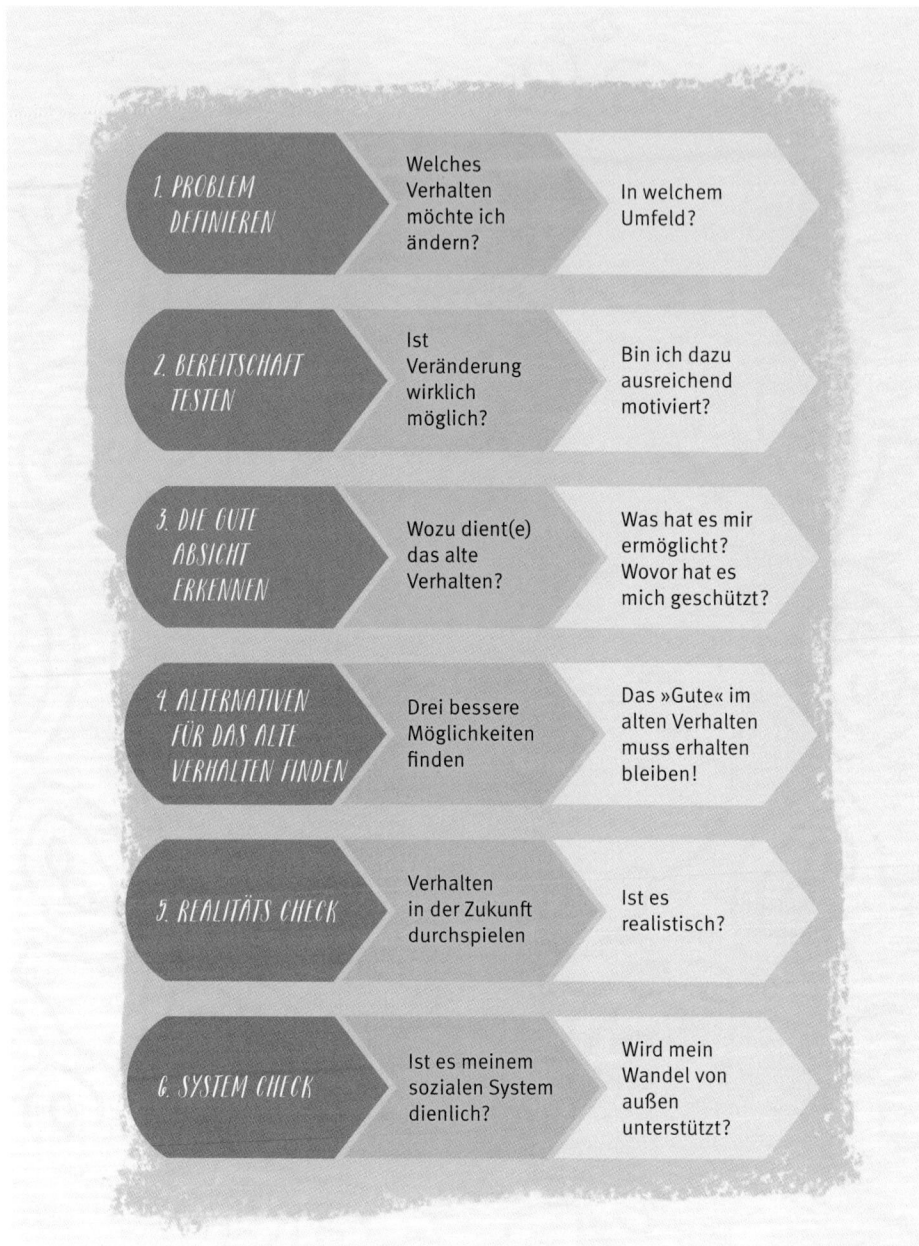

1. PROBLEM DEFINIEREN — Welches Verhalten möchte ich ändern? — In welchem Umfeld?

2. BEREITSCHAFT TESTEN — Ist Veränderung wirklich möglich? — Bin ich dazu ausreichend motiviert?

3. DIE GUTE ABSICHT ERKENNEN — Wozu dient(e) das alte Verhalten? — Was hat es mir ermöglicht? Wovor hat es mich geschützt?

4. ALTERNATIVEN FÜR DAS ALTE VERHALTEN FINDEN — Drei bessere Möglichkeiten finden — Das »Gute« im alten Verhalten muss erhalten bleiben!

5. REALITÄTS CHECK — Verhalten in der Zukunft durchspielen — Ist es realistisch?

6. SYSTEM CHECK — Ist es meinem sozialen System dienlich? — Wird mein Wandel von außen unterstützt?

20. Wofür setze ich meine Kraft ein?

Du hast in den letzten Wochen deine ganz persönlichen Kraftquellen erforscht und dich darin geübt, wie du diese Energie auch unter schwierigen Umständen nutzen kannst. Nun geht es darum, dir darüber klar zu werden, welche Richtung du deiner Kraft geben willst und wofür du sie einsetzen willst. Welches Ziel entspricht deiner Kraft?

Lebt eine kriegerische Energie in dir, die Hindernisse und Herausforderungen mutig meistert oder eher eine sanfte Kraft, die durch ihr Vorbild in der Welt wirkt? Entspricht dir eine gestaltende, kreative Energie, die andere begeistert und inspiriert, oder mehr eine mitfühlende, welche die Welt ein Stück heilt und heller macht? Spüre in dieser Woche deiner individuellen Kraft nach und lasse dich von ihr zu den Aufgaben leiten, welche dir entsprechen. So kannst du deine Kraft weise und zum Wohle aller einsetzen.

Meditation: Balance der fünf »Niyamas«

In den letzten fünf Wochen hast du dich mit den »Niyamas« beschäftigt und dein persönliches Verhalten einer grundlegenden Inventur unterzogen. Du hast »Saucha«, die Reinheit von Körper, Geist und Gedanken geübt. »Santosha« hat dich die Kraft der Zufriedenheit gelehrt. »Syadyaya« oder »das tiefe Schauen« hat dir deine gesunden Grenzen und deine Möglichkeiten zur persönlichen Weiterentwicklung gezeigt. »Tapas« oder das redliche Bemühen hat dich dabei unterstützt, dich an positiven Zielen zu orientieren und dich vor Trägheit bewahrt. »Ishvara Pranidana« hat dich dabei begleitet, in Krisen ruhig zu bleiben. Starre Konzepte kannst du gelassen zugunsten größerer und umfassender Lösungen loslassen, die jenseits des menschlichen Verstandes liegen. Welches Niyama ist dir leicht gefallen zu üben, welches schwerer? Haben alle fünf einen guten Platz in deinem Leben und stehen sie untereinander in harmonischer Verbindung? In welchen Lebensbereichen würde dir welches Niyama besonders helfen? Meditiere in dieser Woche über die fünf Richtlinien und gib ihnen jeweils den Platz in deinem Leben, der für dich in dieser Lebensphase sinnvoll und richtig ist.

Atemtechnik: Kühlende Atmung (Sitali)

Diese Atemtechnik stärkt Stimme und Kehlkopf, kühlt hitzige Energien, Wut und Fieber. Sie wirkt appetitmindernd und schmerzlindernd.

>> Rolle die Zunge oder presse sie mittig gegen den oberen Zahnansatz, bis eine enge Atemröhre entsteht. Atme dann

⬥ Kobra

über die Zunge ein, halte die Luft kurz an und atme anschließend durch die Nase sanft aus. Spüre bei jedem Einatmen die gekühlte Luft in deinem Inneren und lass bei jedem Ausatmen überschüssige Hitze und Anspannung entweichen.

Körperhaltung: Kobra (Bhujangasana)

Diese Körperübung wirkt befreiend und herzöffnend. Sie stärkt den Rücken und den Rumpf, verbessert die Haltung und fördert das Selbstvertrauen.

❯❯ Bringe die Hände in der Bauchlage dicht neben den Brustkorb, die Ellbogen sind nah am Körper. Hebe deinen Oberkörper, während das Becken am Boden liegen bleibt. Die Schultern ziehen nach unten und hinten. Der Blick geht nach vorn, oder, wenn du Nackenprobleme hast, Richtung Boden. Die Kraft der Aufrichtung kommt aus dem Rücken. Auf den Händen sollte kaum oder kein Gewicht lasten. Atme tief und bewusst bis in den Bauch und halte die Position einige Atemzüge lang.

21. Welchen Sinn hat mein Einsatz?

In den letzten sechs Wochen hast du die Möglichkeiten und Grenzen deiner Kraft wahrgenommen. Jetzt geht es darum, dir darüber klar zu werden, welchen Sinn du darin siehst, mit deiner Kraft in der Welt zu wirken. Wenn du diesen Sinn kennst und nicht daran zweifelst, dann trägt dich eine nie versiegende Energie, auf die du immer zurückgreifen kannst, wenn du erschöpft bist. Für gesunde Eltern ist es genau dieser Sinn, der ihnen hilft, schlaflose Nächte und den pausenlosen Einsatz für ihre kleinen Kinder zu überstehen. Sie wissen ohne jeden Zweifel, warum und für wen sie das tun. Welche innere Überzeugung trägt dich durch dein Tun und deinen Einsatz? Dieser Sinn verbindet dich mit einer höheren Kraft, die dich auch durch schwierige Zeiten sicher trägt.

Menschen, die das Gefühl haben, dass ihr Krafteinsatz keinen erkennbaren Sinn hat, brennen innerlich und äußerlich aus. Es spielt dabei keine Rolle, ob die aufgebrachte Kraft sich auf die Arbeit bezieht, auf Beziehungen, kreative Projekte oder visionäre Entwicklung.

Menschen sind in der Lage, schier Unglaubliches zu leisten, wenn sie darin einen tieferen Sinn erkennen, dem sie sich zutiefst verpflichtet fühlen. Die Motivation, die daraus erwächst, hat nichts mit »Dienst nach Vorschrift« zu tun, sondern inspiriert und berührt. Es ist sehr leicht zu erkennen, ob jemand seine Arbeit »aus vollem Herzen« verrichtet oder die Minuten zählt, bis er sie beenden kann. Genauso offensichtlich ist dies in Beziehungen und bei Projekten.

Um geistig und körperlich gesund und stark zu bleiben, ist es von großer Wichtigkeit, die eigene Kraft dort einzusetzen, wo wir es als richtig und sinnvoll empfinden. Du kannst ein Gespür dafür entwickeln, wo dies der Fall ist und wo nicht. Oft übernehmen wir aus Bequemlichkeit oder aus Angst vor Zurückweisung Aufgaben und Rollen, die uns viel Kraft kosten und von denen wir genau wissen, dass sie uns nicht guttun. Nimm dir in dieser Woche Zeit für eine ehrliche Bestandsaufnahme deiner Rollen, Aufgaben und Verpflichtungen. Wofür »brennst« du und was schleppst du noch immer mit dir mit? Was kannst du jetzt mutig loslassen, um deine Kraft zu erneuern und zu beleben?

Meditation: Kraft

Du hast in den letzten Wochen die persönlichen Richtlinien des Verhaltens in die für dich derzeit bestmögliche Balance gebracht. Erlaube dir nun, jeden Tag dieser Woche in diesem inneren Raum der Kraft präsent und gegenwärtig zu sein. Es gibt dabei nichts zu tun, es reicht, nur »zu sein«. Genieße einfach nur diesen Raum der Kraft, den du in den letzten sieben Wochen gestaltet hast.

⌃ Hund

Körperübung: Hund
(Adho Mukha Svanasana)

Diese Körperübung wirkt verjüngend und kreislaufstärkend. Sie bietet sicheren Schutz, der durch die Harmonie von Koordination, Kraft und Flexibilität entsteht. Die inneren Organe werden entlastet, die Rückenmuskulatur aktiviert und gedehnt.

≫ Drücke aus dem Liegestütz das Becken so weit nach oben wie möglich. Lasse die Knie dabei gebeugt und strecke den Rücken ganz lang. Dann strecke auch die Beine langsam. Bei Rückenproblemen lasse die Knie gebeugt. Das Gewicht ruht gleichmäßig auf beiden Händen, besonders auf dem Zeigefingergrundgelenk. Stelle dir dabei vor, du schiebst den Boden mit Kraft zur Mitte. Der Kopf befindet sich in Verlängerung der Wirbelsäule. Halte die Position für einige Atemzüge oder Minuten und genieße die entspannte Länge im Rücken und die Dehnung in den Beinen. Du kannst versuchen, die Fersen langsam Richtung Boden zu senken. Eine andere Möglichkeit besteht darin, abwechselnd die linke und rechte Ferse abzusenken. Dies wird auch als »The walking dog« bezeichnet.

Atemtechnik: Mantra Om namo narayanaya

Mantren sind »hörbare Medizin«. Jeder Ton und jede Lautfolge erzeugt eine bestimmte Energie in demjenigen und um denjenigen, der sie ausspricht. Nach den uralten traditionellen Überlieferungen sind diese Laute und Wirkungen universell und finden sich daher in ähnlicher Lautfolge überall auf der Welt wieder. So kennt man im Christentum das »Amen«, im Buddhismus und Hinduismus das »Om«, das eigentlich aus den Einzeltönen AUM besteht und den Urklang repräsentiert, aus dem alles Leben einst entstanden sein soll.

Man hat vor langer Zeit beobachtet, welche Wirkungen und Energien bestimmte Töne auf den Menschen haben. Diese Tonfolgen wurden als Mantren bezeichnet. Es gibt Mantren für Neubeginn und Abschied, für Heilung und Transformation, für Trost und Inspiration und viele mehr. Insbesondere Menschen, die ihre geistigen Fähigkeiten entwickeln möchten, profitieren von der Arbeit mit Mantren und Atemtechniken. Durch die längere, rhythmische Wiederholung der Tonfolge kommen die Gedanken zur Ruhe. Auf diese Weise können sich zwanghafte Gedanken auflösen und Stresssymptome werden gelindert und Angstzustände lösen sich auf.

Das hier vorgestellte Mantra beruhigt, erdet und zentriert. Es steht für die perfekte Balance zwischen dem Prinzip der Schöpfung und dem der Erneuerung. Dieses Mantra fördert Regeneration, Wachstum und Stabilität. Du kannst es an jedem Ort und zu jeder Zeit rezitieren – laut oder auch lautlos. Und immer dann, wenn du Halt, Kraft oder Sicherheit brauchst. Die lautlose Rezitation von Mantren wird »Japa« genannt.

Es wird »Om namo nareia neia« ausgesprochen. Du kannst es bei jedem Einatmen und jedem Ausatmen einmal denken. Denke oder sprich es so langsam und leise, dass mit dem Ende des Ein- oder Ausatmens das Mantra ebenfalls zu Ende ist und mit dem nächsten Ein- oder Ausatemzug wieder von vorn beginnt.

Sonnengruß (Surya Namaskar)

Der Sonnengruß ist eine Abfolge von Körperpositionen, die dem Atemrhythmus folgen und den ganzen Körper aktivieren. Er besteht immer aus zwei Runden. In der ersten wird das rechte, in der zweiten das linke Bein nach hinten gestellt. Übe 3 bis 7 Sonnengrüße.

1 Bergstellung (Tadasana)

Ich atme ein und stehe fest und unerschütterlich im Leben wie ein Berg. Ich atme aus und spüre meine Verbundenheit mit der Erde.

2 Stehende Rückbeuge

Ich atme ein und spüre meine Verbindung zum Himmel und den weiten, freien Raum meines Herzens.

3 Stehende Vorbeuge (Uttanasana)

Ich atme aus und lasse alles los, was mich beschwert. Mein Körper und meine Gedanken sind frei und entspannt.

4 Sprinter (Anjaneyasana)

Ich atme ein und habe mein Ziel fest im Blick. (Stelle in der nächsten Runde das linke Bein nach hinten.)

5 Planke (Dandasana)

Ich halte die Luft an und spüre meine Kraft, mein inneres Feuer und mein Standvermögen. Dann atme ich langsam aus und lasse mich dabei ebenso langsam zu Boden sinken.

6 Kobra (Bhujangasana)

Ich atme ein und spüre meine Fähigkeit, mein Herz vom Staub zu befreien und mich immer wieder neu aufzurichten.

7 Hund (Adho Mukha Svanasana)

Ich atme aus und spüre den Himmel über und die Erde unter mir. In diesem Raum kann ich wachsen.

8 Sprinter (Anjaneyasana)

Ich atme ein und behalte mein Ziel fest im Blick. Ich erkenne den richtigen Zeitpunkt und bin ganz präsent.

9 Stehende Vorbeuge (Uttanasana)

Ich atme aus und lasse alles los, was mich beschwert. Mein Körper und meine Gedanken sind frei und entspannt.

10 Stehende Rückbeuge

Ich atme ein und spüre meine Verbindung zum Himmel und den weiten, freien Raum meines Herzens.

Sieben Schlüssel zur Liebe

Die sieben Schlüssel der Liebe wecken die Schönheit von Verbundenheit und Dankbarkeit und fördern die Balance von weiblichem und männlichem Prinzip.

Sie aktivieren die mutige Tatkraft und den individuellen Ausdruck der Liebe. Damit gestalten sie den emotionalen Rahmen und den Raum, den wir der Liebe in unserem Leben geben, und beeinflussen unsere körperliche Flexibilität und geistige Offenheit.

Die Bilder für dieses Kapitel wurden am Kamptalstausee bei Zwettl aufgenommen. Als Kraftorte für die Liebe eignen sich alle Landschaften, Kulturdenkmäler und Gärten, die Harmonie, Balance und Schönheit ausstrahlen. Zum Beispiel sanfte Wiesentäler und lichte Wasserlandschaften, Rosengärten oder harmonische Bauwerke, die sich tief in die Landschaft schmiegen.

Das Tor der Liebe liegt genau in der Mitte des Lebens. Die ersten drei Tore bilden die Wurzelkraft des Menschen. Sie verleihen dem Menschen die Kraft, um das Tor der Liebe zu erreichen, das in einer feineren Dimension liegt und nicht mit reiner Willenskraft zu meistern ist. Wenn wir versuchen, Liebe zu erklären, zu begründen, zu widerlegen oder zu ignorieren, landen wir immer wieder vor verschlossenen Toren. Um dieses Tor durchschreiten zu können, brauchen wir die Gewissheit, dass wir mehr sind als unser Körper, unsere Gedanken oder Gefühle. Dann ist es möglich, den Sprung zu wagen und das Ego wirklich loszulassen.

Das Leben als Eltern ist ein völlig anderes als zuvor. Männer und Frauen, die ihrer Familie zuverlässig Schutz, Zeit und Halt schenken, sie gut versorgen und dabei freundlich behandeln, erhalten ein inneres Gewicht, das sie deutlich von denen unterscheidet, die das nicht tun. Liebe verwandelt den Menschen. Ob durch Kinder, Projekte, Menschen, Spiritualität, Wissenschaft oder Kunst – die Möglichkeiten der Hingabe sind so vielfältig wie die Menschen selbst.

In den Meditationen wirst du die vier heilsamen Bereiche, die »Bhavanas«, kennenlernen, die für Liebe, Mitgefühl, Toleranz und Mut stehen. Und auch »die drei Jahreszeiten« des Lebens – Schöpferkraft, Kontinuität und Veränderung. Die Übungen in diesem Kapitel aktivieren alle Aspekte der Liebe: Verantwortung zu übernehmen und Nähe zuzulassen, Beziehung zu wagen und gemeinsam Neues zu erschaffen, Geborgenheit und Halt anzunehmen und zu geben, Inspiration in die Welt zu tragen, tiefe innere Sicherheit zu erfahren und innere Freiheit zu erleben.

22. Wofür bin ich dankbar?

Demut und Dankbarkeit bilden die erste Stufe auf dem Weg der Liebe. Eine wichtige Voraussetzung für liebevolles Verständnis besteht darin, zu erkennen, dass man trotz größtem Bemühen immer nur einen kleinen Teil der Welt begreifen kann. Dass man deshalb Fehler macht, aber daraus etwas lernen kann – vor allem, wie man sich und andere vor unnötigem Leid bewahrt. Menschen, die sich aufrichtig entschuldigen können, tragen genug Liebe in sich, um eigene Fehler erkennen und zugeben zu können. Sie können sich selbst und anderen deshalb auch verzeihen, dass sie nicht perfekt sind. Dankbarkeit ist ein weiterer wichtiger Pfeiler der Liebe, der die Frische lebendiger Beziehungen erhält. Das Gefühl von Dankbarkeit bewahrt uns davor, für selbstverständlich zu nehmen, was in Wirklichkeit Geschenke tiefer Liebe sind: freundliche Präsenz und Hilfsbereitschaft, ermutigende Worte, Geduld und Zeit, liebevolle Geschenke oder zärtliche Gesten im Alltag.

»Bhavanas« sind tief in uns verankerte, gefühlsbetonte Bewusstseinszustände, die unser Gemüt so ergreifen, dass wir uns diesem Gefühl vollkommen hingeben können, ohne von Eigennutz beherrscht zu sein. Fühlen, Denken, Erinnerungen und Erfahrungen sind dann ganz und gar in Einklang. In den nächsten Wochen wirst du alle vier »Bhavanas« (Liebe, Mitgefühl, Toleranz und Mut) kennenlernen.

Sie schaffen Abstand zu dem, was ihnen nicht innewohnt: Egoismus, Abneigung, Verblendung und Angst. Wir bleiben völlig frei von Empfindungen und Gedanken, die uns stören, solange wir uns mit einem der Bhavanas verbinden. In dieser Woche steht das erste »Bhavana«, die Liebe, im Mittelpunkt.

Meditation: Liebe (Maitri Bhavana)

»Maitri Bhavana« bezeichnet das liebevolle Wohlwollen gegenüber allen Lebewesen in Form von aufrichtiger Freundlichkeit oder Liebe. Dieses Bhavana bewirkt, dass wir uns tief einlassen und hingeben können, ohne vom Gedanken des Eigennutzes beherrscht zu sein. Das bringt unser Bewusstsein und unseren unruhigen Geist allmählich zum Schweigen und lässt die Stimme unseres Inneren wieder deutlich hörbar werden. Im Zustand dieses Bhavanas gibt es keine Zweifel, keine sich feindlich gegenüberstehenden Empfindungen und keine Zerstreutheit der Gedanken, die uns das eine tun und das andere denken lassen.

Übe in dieser Woche jeden Tag für eine bestimmte Zeit das Gefühl von Liebe und Dankbarkeit für die Anwesenheit eines geliebten Wesens. Beginne mit einem Lebewesen, bei dem es dir sehr leicht fällt, es zu lieben: dein kleines Kind, dein treues Haustier, deine Pflanzen. Beobachte, wie du dich selbst veränderst, wenn du liebst. Versuche in diesem Gefühl zu bleiben, auch wenn Störungen von außen oder innen versuchen, dich daran zu hindern. Kehre beharrlich immer wieder zurück zu dem Gefühl der Liebe. Spüre, wie es dich selbst und deine Umgebung heilt. Wenn du sicherer geworden bist, kannst du versuchen, auch schwierigere Wesen konsequent zu lieben – egal wie sie sich dir gegenüber verhalten. Beobachte, was dann geschieht. Denn nichts ist stärker als die Liebe.

Atemtechnik: Atmung für die Nase

Diese ayurvedische Atemtechnik wirkt kräftigend und lindert alle Krankheiten, die mit Erschöpfung und Angst zu tun haben. Sie mildert Kopfschmerzen und Erkältungen. Die Nase hängt eng mit unserem Gefühl für Sicherheit und Urvertrauen zusammen. Als Säuglinge erkannten wir unsere Mutter am vertrauten Geruch. Intimpartner suchen wir instinktiv nach dem Duft aus, der uns anzieht. Dies gewährleistet biologisch gesehen eine gute genetische Verträglichkeit. Wichtige Entscheidungen in deinem Leben sollten am besten dann getroffen werden, wenn rechtes und linkes Nasenloch gleich weit geöffnet sind. Dann besteht eine gute Balance zwischen den beiden Gehirnhälften mit ihren analytischen und intuitiven Fähigkeiten.

» Atme ein und stelle dir dabei kraftvolle, reine Energie vor, die durch deine Schädeldecke eintritt. Bringe diese leuchtende Energie in deine Stirnmitte, halte den Atem an und ziehe die Beckenbodenmuskulatur nach oben und innen. Dann entspanne mit dem Ausatmen den Beckenboden und atme die Energie als goldenes pulsierendes Licht durch beide Nasenlöcher gleichzeitig aus. Wenn du das Gefühl hast, dass ein Nasenloch weniger durchlässig ist als das andere, dann atme so lange abwechselnd durch beide Öffnungen (in deiner Vorstellung oder auch, indem du ein Nasenloch real schließt), bis du spürst, dass beide Öffnungen gleich durchlässig sind.

Atme zum Abschluss noch einige Minuten sanft durch beide Nasenlöcher und visualisiere, dass dein Kopf nun von allen alten unbrauchbaren Energien vollständig gereinigt ist. Stelle dir dann einen Lieblingsduft vor, der für dich Geborgenheit und Sicherheit ausdrückt, und atme ihn einige Male tief ein. Verteile ihn mit dem Ausatmen in deinem Körper.

Körperübung: Meditationshaltung (Sukhasana)

Diese Körperübung fördert die Beweglichkeit der Hüften. Mental steht sie für Flexibilität, Präsenz und Klarheit. Manchmal werden wir gleichzeitig in vielen Bereichen unseres Lebens gefordert. Im Zentrum dieser Ereignisse zu sein und sich dabei der eigenen Lebensrichtung stets bewusst zu bleiben, entspricht der geraden Aufrichtung der Wirbelsäule. Wenn du diese Übung zusammen mit einem Partner übst, so fördert diese Hal-

⬦ Meditationshaltung

tung die innere wie äußere Aufrichtigkeit in Beziehungen.

〉〉 Sitze im Schneidersitz und richte deinen Rücken ganz gerade auf. Atme tief und gleichmäßig bis in den Bauch. Die Schultern bleiben locker, das Gesicht entspannt. Die Hände liegen auf den Knien oder Oberschenkeln, Daumen und Zeigefinger jeder Hand berühren sich leicht. Halte diese Position einige Minuten oder Atemzüge lang. Rufe dir jetzt ins Bewusstsein, wofür du dankbar bist. Du kannst dich dabei an den fünf Säulen des Yoga orientieren: genug zu essen zu haben; sich frei und ohne Schmerzen bewegen zu können; Zeit für Entspannung zu haben; ohne Beschwerden frische Luft atmen zu können; und die Gelegenheit für inneres Wachstum und Entwicklung zu haben. Vielen Menschen ist nicht bewusst, dass diese Dinge nicht selbstverständlich sind, sondern nur einer kleinen Minderheit der Erdbevölkerung zu Verfügung stehen. So können wir das heilsame Gefühl von Dankbarkeit jederzeit in uns aktivieren.

⬗ Meditationshaltung

Wenn ihr zu zweit übt, so sitzt im Schneidersitz Rücken an Rücken. Lehnt euch nicht an, sondern spürt sanft die Gegenwart des anderen. Rufe dir nun ins Bewusstsein, wofür du deinem Partner dankbar bist. Nutze dafür deine fünf Sinne. Für welche Gespräche, Berührungen und welchen Anblick bist du dankbar? Welchen Geschmack hat eure Liebe und welchen Duft? Nehmt euch zehn Minuten Zeit für diese Meditation und tauscht euch hinterher aus.

Setzt euch dazu einander gegenüber und legt beide Handflächen vor dem Herzen aneinander in das »Anjali Mudra«. In den Händen enden sehr viele Energieleitbahnen. Durch das Verbinden der Hände werden diese Energiepunkte aktiviert. Dieser traditionelle asiatische Gruß bedeutet »das Göttliche in mir verneigt sich vor dem Göttlichen in dir«. Er drückt Wertschätzung und Respekt aus.

23. Wie verbinde ich die Liebende und den Krieger in mir?

Im Hinduismus wird der Geist »Purusha«, das »Göttliche«, genannt und als »Shiva« bezeichnet. Die Materie wird »Prakriti«, das »Irdische«, genannt, symbolisiert durch die Göttin »Shakti«. Durch ihre gleich starke Ausprägung halten sie das Universum im Gleichgewicht und schließen den Kreis der Schöpfung. Die körperbetonte, weibliche und die geistige, männliche Energie finden sich innerhalb jedes menschlichen Körpers am unteren Ende der Wirbelsäule (Shakti) und am Scheitelpunkt (Shiva). Der Yoga Praktizierende ist bestrebt, diese beiden Pole harmonisch zu entwickeln und zu verbinden – dies wird auch als »innere Hochzeit« bezeichnet.

Dieser Gleichklang wird nach außen durch einen gesunden, flexiblen Körper und einen strahlenden, klaren Geist sichtbar. In Balance werden männliche und weibliche Energien als gleichwertig und einander ergänzend wahrgenommen. Solange der Mensch im Unfrieden mit der eigenen geschlechtlichen Identität lebt oder im Widerstreit zu der des anderen, befindet er sich in einem Mangelzustand, in dem Defizite eine große Rolle spielen. Es kann dann zu

Beziehungen kommen, in denen Missstände auf verschiedenen Ebenen dieses Erleben widerspiegeln. In dieser Woche kannst du den beiden Polen in deinem Leben Achtung und Raum verschaffen.

Meditation: Mitgefühl (Karuna)

»Karuna-Bhavana« ist das mitempfindende Anteilnehmen am eigenen und am Leben anderer Menschen durch Hilfsbereitschaft und Güte.

Betrachte in dieser Woche zunächst dein eigenes Leben. Befinden sich deine weiblichen und männlichen Anteile im Gleichgewicht oder wird ein Bereich einseitig beansprucht? Alleinerziehende Menschen sind hier oft sehr gefordert. Auch Frauen in harten, männlich dominierten beruflichen Positionen oder Männer in »Frauenberufen« brauchen den Ausgleich in anderen Lebensbereichen. Lange Zeiten einseitiger Beanspruchung hinterlassen körperliche, geistige und seelische Spuren. Wenn du eine Frau bist und im Hauptberuf einer Tätigkeit nachgehst, die vor allem deine weiblichen Aspekte fordert (Mutter, Pflege- oder Heilberufe), so kann es dich unterstützen, wenn du in deiner Freizeit zum Ausgleich klare, strukturierte, kraftvolle Bewegungsformen ausübst. Etwa indem du Kampfsport betreibst, Marathon läufst oder Krafttraining wählst. Dies wird noch wichtiger, wenn du selbst Mutter bist und sowohl privat als auch beruflich eine versorgende Rolle hast. Als Mann in einem »männlichen« Beruf wirst du dich viel ausgeglichener fühlen, wenn du dir öfter sanfte Massagen gönnst, stille Meditation in friedlicher Umgebung oder sanfte Bewegungsformen wie Yoga, Tai Chi oder freies Tanzen übst.

Wie sieht es in deinem Leben aus? In welchen Bereichen bist du besonders gefordert und wie kannst du deine inneren Anteile sinnvoll ausgleichen? Betrachte die Menschen in deiner Umgebung mit neuen Augen und echtem Mitgefühl. Wo sind sie besonders gefordert? Wenn du ihre Reaktionen besser verstehen kannst, dann entsteht kein Ärger in dir, der dir selbst am meisten schadet.

Du kannst jetzt erkennen, warum Menschen sich so verhalten, wie sie es tun, und auch, ob du selbst etwas tun kannst, um die Situation zu verbessern oder ob du dich besser zurückziehst. Aktives Mitgefühl bedeutet immer, einem Menschen, der leidet, nicht noch mehr aufzubürden. Freundliche Präsenz, Wohlwollen, unaufdringliche Hilfestellung oder Beruhigung durch diskretes Verlassen einer Situation sind nur einige der Möglichkeiten, die dir offenstehen. Achte in dieser Woche auf Momente, in denen du dieses Wissen anwenden kannst.

Coaching-Technik: Spiegel

Bei der Spiegeltechnik geht es um die Klärung und positive Veränderung problematischer innerer oder äußerer Beziehungen. Der Begriff »Spiegel« wurde gewählt, weil das Verhalten eines Menschen in einer schwierigen Situation mit einer anderen Person nur ein »Spiegelbild« seiner eigenen inneren Kommunikation ist. Es ist eine hervorragende Möglichkeit zur Selbstreflexion und zur positiven Veränderung des eigenen inneren Dialogs. Und es ist auch gut geeignet, um Probleme mit anderen – auch nicht anwesenden – Menschen, zu mildern. Denn eine andere Person kann nie ganz allein die Quelle oder die Lösung eines eigenen Problems sein. Die Hälfte des Problems liegt immer bei einem selbst – auch wenn es sich nur um die eigene Reaktion auf das »schwierige« Verhalten des anderen handelt. Ausgehend von dieser Einsicht, kann sich das eigene innere System völlig neu ordnen. Selbst wenn die andere Person sich nicht ändert – man hat nun selbst eine neue Sicht auf die Dinge. So stehen positiven Veränderungen alle Türen offen. Nimm dir eine Stunde Zeit und beantworte die folgenden Fragen so ausführlich, wie du kannst. Schriftlich oder indem du sie laut aussprichst wie in einem Rollenspiel. Du kannst auch zwei Stühle nutzen, die voreinander stehen und immer wieder den Sitzplatz wechseln. Lasse dich von den Ergebnissen deiner Arbeit überraschen und berühren.

Durchführung

- Denke an den Menschen (oder den Anteil in dir), mit dem du deiner Meinung nach Schwierigkeiten hast.
- Stelle dir vor, diese Person sitzt oder steht direkt vor dir. Was ist am Verhalten dieser Person schwierig und macht die Kommunikation mit ihr so problematisch? (unsensibel, launisch, herrschsüchtig ...)
- Betrachte nun dein eigenes Verhalten in der Beziehung zu dieser Person. Benenne dein eigenes Verhalten. (bewertend, abschätzig, verängstigt, wütend ...).
- Achte darauf, wie dein eigenes Verhalten mit dem Verhalten der anderen Person zusammenhängt, was es auslöst oder sogar verstärkt. Wärest du nicht da, wie würde die andere Person sein? Würde die andere Person ihr Verhalten beibehalten, wenn du nicht in ihrer Nähe wärst? Überprüfe, inwiefern deine eigene Reaktion auf dich selbst ein Spiegel davon ist, wie der andere Mensch sich dir gegenüber verhält.
- Denke über andere Reaktionsweisen gegenüber dieser Person nach. Welchen Grund gibt es für dich, dich dieser Person gegenüber so zu verhalten? Welche anderen Möglichkeiten kommen dir in den Sinn?

- Behandle dich innerlich nun so, wie du zuvor mit der anderen Person gesprochen hast und umgekehrt. Achte aufmerksam darauf, wie dieser Tausch die Reaktionen ändert. Sieh dich selbst mit den Augen der anderen Person. Wie erscheint dein Verhalten aus dieser Perspektive? Was brauchst oder willst du, aus der Sicht der anderen Person?
- Tritt nun innerlich einen Schritt zurück und betrachte die beiden von außen. Beantworte dann nacheinander so genau wie möglich die folgenden Fragen: Welche Fähigkeiten haben die beiden? Welche Fähigkeiten könnten sie noch brauchen? Was glauben die beiden über sich selbst, den anderen und über ihre Beziehung? Was ist jedem wichtig? Warum tun sie, was sie tun? Welche Auffassung haben die beiden von sich selbst? Wie begreifen sie sich selbst, ihre Rolle und ihre Aufgabe in dieser Situation? Welche Zugehörigkeit fühlen die beiden? Von welchem Glauben sind sie inspiriert?
- Geh nun wieder in deine ursprüngliche Situation und achte darauf, wie sich deine Reaktionen und deine Sichtweise geändert haben. Bleibe neugierig, wie sich diese Veränderungen in der realen Zukunft auswirken.

⌃ Standwaage

Körperübung: Standwaage
(Viravadrasana)

Diese Übung stärkt und fördert die innere wie äußere Balance. Als Partnerübung
lehrt sie eine wichtige Voraussetzung
für gesunde, stabile Beziehungen: Wenn
beide Partner sich selbst in guter Balance
halten können, so übertrifft ihr gemeinsames Standvermögen das alleinige bei
Weitem. Diese Position unterstützt uns
dabei, zu erkennen, dass das aufrichtige
Bemühen um die eigene Stabilität die
beste Voraussetzung für eine gelungene
und beständige Partnerschaft ist.

》 Wenn du alleine übst, dann beuge dich
aus dem Stand nach vorn und halte die
Hüften parallel zum Boden. Halte die
Arme nach vorn oder zur Seite in einer
Ebene mit dem Rumpf. Atme tief und
ruhig und wechsle nach einigen Atem-
zügen die Position, indem du das andere
Bein hebst.

Übt ihr gemeinsam, so legt einander die
Hände sanft auf die Schultern. Findet
eure eigene stabile Position, um den
Partner nicht unnötig zu belasten. Wechselt nach einigen Minuten die Stellung,
indem ihr das andere Bein hebt.

24. In welchen Taten zeigt sich meine Liebe?

Liebe erzeugt ein Feld von Frieden und Schönheit. Wenn du meinst, einen Menschen zu lieben, dann beobachte, was um euch herum geschieht: Gedeihen eure Kinder, eure Geschäfte, eure Freundschaften und Projekte – und ihr selbst? Fühlen sich die Menschen in eurer Nähe wohl und verhalten sich eure Familien loyal und friedlich? Häufig ist es nicht Liebe, die uns an einen anderen Menschen bindet, sondern Angst vor Veränderung, Gewohnheit, Verblendung, Bedürftigkeit, Habgier oder Sucht. Wenn du dir nicht sicher bist, was dich mit deinem Partner verbindet, dann schaue dich aufrichtig in deinem Leben um und ziehe Bilanz. Du kannst dein Leben jederzeit positiv verändern, wenn du selbst es wirklich willst. Es ist nicht notwendig, dafür auf etwas oder auf jemanden zu warten. Es ist dagegen völlig sinnlos, einen anderen Menschen davon überzeugen zu wollen, sein Leben zu ändern, wenn dieser das selbst nicht will.

Du kannst sofort damit beginnen, die Liebe tatkräftig in dein Leben einzuladen oder zu stärken. Die folgenden Übungen bringen dich zurück zu dir selbst und unterstützen dich dabei. Wenn du in liebevollen Beziehungen lebst, dann ruhe dich nicht auf vermeintlichen Sicherheiten aus. Gerade dann ist es wichtig, für die geliebten Menschen und mit ihnen zusammen Gutes entstehen zu lassen. Denn Liebe ist ein lebendiger Strom, kein abgestandener Tümpel. Wenn sie keinen Zu- und Abfluss hat, bilden sich durch Trägheit Schmarotzer und Schadstoffe. Wie kannst du die Liebe in deinem Leben lebendig erhalten und ihre leuchtende Kraft mutig an andere weitergeben? Welchen Reichtum kannst du mit anderen teilen? Und wie kannst du deine bestehende Liebe weiter vertiefen und für neue Inspiration sorgen?

Meditation: Toleranz (Upeksha)

Upeska-Bhavana ist die nicht verurteilende Toleranz von Ungewolltem durch kluges Abstandhalten, eine klare innere Haltung und weise Entscheidungen. Nörgeln, Anklagen und Zweifel sind gefährliche Gifte, die Liebe umfassend zerstören können. Wenn in deiner Beziehung oder in Beziehungen zu wichtigen Menschen schwierige Zeiten anbrechen, dann ist es wichtig, ganz ehrlich zu dir zu sein.

Frage dich, ob du an der Situation etwas verbessern kannst, und tue es, ohne zu zögern, wenn es möglich ist. Wenn es sich bei den Schwierigkeiten um schwerwiegende Probleme wie Sucht, Betrug, schwere psychische Störungen, Gewalt oder sexuellen Missbrauch handelt, dann kannst du sie nicht ohne professionelle Hilfe lösen. In solchen Fällen steht deine seelische und körperliche Sicherheit und die deiner Kinder an erster Stelle. Handle daher besonnen, klar und kraftvoll, ohne zu zögern und ohne weiter auf eine Besserung der Situation zu warten oder zu hoffen. Aus Liebe zu dir und zu deinen Kindern eine Situation zu verlassen, die Unheil bringt, ist auch dann Liebe, wenn der andere oder das Umfeld dies nicht sofort erkennen. Nutze deine Kraft, um gute, neue Lebensformen und Wohnmöglichkeiten zu finden. Wage es, neu zu beginnen und lass den Grundstein für diese Veränderung Liebe sein, nicht Rache oder Zorn. Dann wird Schönheit und Liebe in deinem weiteren Leben bei dir ein sicheres Zuhause finden.

Atemtechnik: Atmung für die Augen

Diese ayurvedische Atemtechnik reinigt und klärt die Augen. Die Augen haben eine enge Verbindung zur Kraft und Ausstrahlung des Menschen. Aus diesem Grund stärkt diese Atemtechnik auch die Körpermitte und die inneren Organe.

» Atme ein und stelle dir dabei kraftvolle, reine Energie vor, die durch deine Schädeldecke eintritt. Stelle dir diese leuchtende Energie in der Stirnmitte als Lichtkugel vor, halte den Atem an und spanne die Beckenbodenmuskulatur an. Dann entspanne den Beckenboden mit dem Ausatmen und lasse die Energie gedanklich als goldenes pulsierendes Licht durch beide Augen nach außen fließen. Du kannst auch mit jedem Auge einzeln arbeiten, um festzustellen, ob Blockaden vorhanden sind. Atme dazu abwechselnd durch das rechte und linke Auge, bis beide gleich durchlässig sind. Atme zum Abschluss noch einige Minuten sanft durch beide Augen gleichzeitig und visualisiere, dass dein Kopf nun von allen alten unbrauchbaren Energien vollständig gereinigt ist. Stelle dir dann dein Lieblingsbild vor, das für dich Kraft und Würde ausdrückt, und atme die Energie dieses Bildes tief ein. Verteile sie mit dem Ausatmen in deinem Körper.

Körperübung: Fisch (Matsyasana)

Diese Übung stärkt und öffnet das Herz. Sie fördert Toleranz, Flexibilität und Hingabe.

» Wenn du alleine übst, dann lege dich auf den Rücken. Achte darauf, dass ein Kissen oder eine Decke so unter deinem Brustkorb liegt, dass der Herzbereich den höchsten Punkt bildet. Wähle die Größe des Kissens so, dass du eine angenehme Dehnung spürst. Der Hinterkopf liegt am Boden, die Kehle ist gestreckt. Die Schultern ziehen in Richtung Becken. Atme ruhig und tief in dein Herz. Halte die Position sieben Atemzüge lang und komme dann langsam aus der Stellung, indem du dich zur Seite rollst, das Kissen entfernst und dich dann auf den Rücken legst.

⌃ Fisch

Wenn du mit einem Partner übst, dann lege deinen oberen Rücken auf dem Rücken deines Partners ab und bette den Kopf bequem. Benutze eventuell ein kleines Kissen für den Kopf! Am einfachsten ist dies, wenn dein Partner sich in der Kindeshaltung befindet. Die Arme können bei dieser Variante weit zur Seite gelegt werden, mit nach oben geöffneten, empfangenden Armen und Händen. Der unterstützende Partner beugt sich aus dem Fersensitz nach vorn, bis sein Kopf den Boden berührt. Alternativ kann er auch die Stirn auf den Händen ablegen. Wechselt nach einigen Minuten sanft die Stellung.

25. Wofür brennt mein Herz?

Die Stufen der Liebe führen dich in eine Richtung, in der sie optimal wirken kann. Um diese Richtung zu finden, brauchst du den Mut, ganz tief in dein Herz zu schauen. Wofür brennt es mit ganzer Kraft? Oft ist es etwas, das du schon als Kind über alles geliebt hast. Es ist der Kanal, in dem deine Liebe am besten fließt, und der Bereich, in dem dein Beruf zur Berufung werden kann. Keine Kontakt- oder Jobbörse dieser Welt kann leisten, was dieser tiefe, ehrliche Blick in dein eigenes Herz vermag.

Meditation: Inspiration (Mudita)

Mudita-Bhavana ist die Begeisterung für vorbildliche Taten und dem uns tief berührenden mutigen Vorbild von Menschen. Wenn wir vergessen haben, wer wir sind und was wir lieben, dann können wir ein Abbild unseres Herzens in den Menschen finden, die uns mit ihrem Leben begeistern. Es ist dabei gleichgültig, ob es sich um Menschen handelt, die noch leben oder schon gestorben sind, ob es sich um Märchenfiguren, Heilige oder Gottheiten handelt. Wesentlich ist nur, dass sie uns tief im Herzen berühren. Menschen, die keine Vorbilder (mehr) haben, sind innerlich oft von Leere betroffen. Es gibt wenig Trost und kein Korrektiv für sie, an dem sie sich orientieren und neu ausrichten können.

Welche Menschen könnten für dich ein leuchtendes Vorbild sein? Wer lebt(e) so, wie du es zutiefst inspirierend, richtig und wohltuend empfindest? Suche dir für diese Woche eine Gestalt, die dir in deiner Meditation in den Sinn kommt und bitte sie innerlich um Führung und Begleitung. Wie würde sie an deiner Stelle in Beziehungen, im Beruf, in der Freizeit handeln? Wofür ihre Zeit und ihr Geld nutzen? Atme 3-mal tief, bevor du aus alter Gewohnheit handelst und nutze die Atempause, dich mit deinem Vorbild zu verbinden. Finde dann einen guten neuen Weg. Lasse dich überraschen von den Reaktionen der Menschen, mit denen zu tun hast.

Atemtechnik: Mondatmung (Chandra Beda)

Das linke Nasenloch ist der Eingang zu »Ida Nadi«, welche die Mondenergie in unserem Körper darstellt. Die »Chandra-Beda«-Atemtechnik erhöht diese Energie. Sie fördert Entspannung, Kühlung, Beruhigung und Harmonisierung und verringert das innere Feuer, wenn es zu sehr lodert. Heißhunger, Reizbarkeit, Schlaflosigkeit und Nervosität werden gelindert, die Regeneration bei Schmerzen und Schwäche gefördert.

❯❯ Verschließe dein rechtes Nasenloch mit dem kleinen und dem Ringfinger der linken Hand. Atme durch dein linkes

⬙ Kamel

Nasenloch tief und langsam ein, ohne dabei ein Geräusch zu machen. Wenn du vollständig eingeatmet hast, dann verschließe dein linkes Nasenloch mit deinem linken Daumen. Halte einige Sekunden den Atem an (Kumbhaka). Für die Ausatmung öffnest du das rechte Nasenloch und atmest durch dieses Nasenloch aus. Du kannst diese Übung in der gleichen Ausführung siebenmal wiederholen. Du atmest dabei immer durch das linke Nasenloch ein und durch das rechte wieder aus.

Körperübung: Kamel (Ustrasana)

Die Kamelposition dehnt deine Körpervorderseite und Oberschenkel und schafft Platz für die inneren Organe. Sie befreit die Lunge und reinigt von alten Sichtweisen und engen Vorstellungen. Sie verbindet die weibliche Kraft der Erde mit der männlichen Klarheit des Himmels.

》 Beuge dich im Kniestand sanft nach hinten und richte den Blick nach oben. Beuge dich je nach Flexibilität nach hinten. Erzwinge nichts.

26. Was ist der kreative Ausdruck meiner Liebe?

Wenn wir wissen, wofür unser Herz brennt, dann besteht der nächste Schritt darin, dieser Liebe Ausdruck zu verleihen. So bekommt sie nicht nur einen Platz in unserem Herzen, sondern auch in der Welt. In Beziehungen zu anderen spielt dieser kreative Ausdruck eine besonders wichtige Rolle. Nicht alles, was wir unter Liebe verstehen, wird auch von anderen so wahrgenommen. Deshalb ist es wichtig, nicht nur unser eigenes Empfinden von Liebe, sondern auch das der anderen wahrzunehmen. In jeder lebendigen Beziehung gibt es die immer wiederkehrenden Jahreszeiten der ruhigen Stabilität, der Veränderung und der kreativen Schöpferkraft. Wir müssen uns davor nicht fürchten, sondern können sie so gelassen empfangen wie die vier Jahreszeiten eines Kalenderjahres. Auch wenn wir eine dieser Jahreszeiten bevorzugen, so können wir doch keine davon verhindern. Wir können uns aber optimal auf jede davon vorbereiten. In den nächsten drei Wochen wirst du jede dieser Energien schätzen lernen, da sie dir dabei helfen, das Tor der Liebe weit zu öffnen.

Meditation: Kontinuität

Die Jahreszeit der Ruhe in unserem Leben und in unseren Beziehungen ermöglicht friedliches Wachstum, Regeneration und Ernte. Sie ist der Fels in der Brandung und die Insel unserer Zuflucht in unsicheren Momenten. Im positiven Sinn finden wir sie in geordneten Verhältnissen, materieller Sicherheit und erfreulichen Perspektiven wieder, innerlich in unserer Zufriedenheit und Gemütsruhe. Im negativen Sinn steht sie für Stagnation, Trägheit und mangelnde Flexibilität.

Es ist einfach, das positive Gefühl von Sicherheit und Frieden zu empfinden, wenn alles in Ordnung ist. Aber es ist notwendig, dass wir nicht nur auf äußere Bedingungen reagieren, sondern die Grundhaltung von Kraft, Ruhe und Zuverlässigkeit auch aus eigener Kraft erreichen können. Sonst wären wir nur das passive Spiegelbild der Umwelt oder der Befindlichkeit unseres Partners und ihm (oder ihr) kein echtes, belastbares Gegenüber. Wir würden uns und den anderen in Momenten der Schwäche oder Krise alleinlassen. Erwachsene Liebe bedeutet, sich selbst und einander eine rettende Insel zu sein, auf der sichere Zuflucht zu finden ist, bis sich die Wogen im Inneren oder Äußeren wieder geglättet haben.

Übe in dieser Woche, auch und gerade in schwierigen Momenten Ruhe und Gelassenheit zu bewahren. Werde zum Fels in der Brandung. Für dich und andere.

⬦ Lotusblüte

Körperübung: Lotusblüte

Diese Übung stärkt die Hingabe und gesunde Balance. In Beziehungen lehrt sie Vertrauen und Dankbarkeit. Ohne den sicheren Halt des anderen wäre uns diese anmutige Haltung nicht möglich. Die richtige Nähe bzw. Distanz zueinander zu finden bildet die Basis für gemeinsames Wachstum und gesundes Gleichgewicht.

》 Wenn du die Übung alleine ausführst, dann setze dich auf den Boden, stelle deine Füße nebeneinander hüftbreit auf, bringe die Unterschenkel parallel zum Boden, halte den Rücken gerade und strecke die Arme parallel zum Boden gerade nach vorne aus. Versuche dann die Beine nach oben auszustrecken. Wenn du mit einem Partner übst, dann rück mit dem Becken nah zusammen, beugt die Knie, stellt die Füße gegeneinander, reicht euch die Hände und bringt dann achtsam die Beine nach oben, indem ihr den richtigen Abstand zueinander findet und die Füße fest, aber vorsichtig gegeneinander und nach oben stemmt. Haltet die Position sieben Atemzüge lang, dann senkt langsam wieder die Beine.

Coaching-Technik: Fünf Sprachen der Liebe

Die fünf Sprachen der Liebe wurden von Roger Chapman entwickelt, der weltweit nach den menschlichen »Hauptsprachen« der Liebe geforscht hat. Dabei zeigte sich, dass unabhängig von Ort oder Kultur die Menschen in der Regel eine dieser fünf Hauptsprachen und manchmal einige weitere als »Nebensprachen« zum Ausdruck ihrer Liebe nutzen:

- Zärtlichkeit und Berührung (Intimität ist ein kleiner Teil davon)
- liebevoll ausgesuchte oder selbst hergestellte Geschenke
- Zweisamkeit: exklusive Zeit zu zweit
- Hilfsbereitschaft in allen alltäglichen und besonderen Angelegenheiten
- sprachlich formuliertes Lob/Anerkennung – unter vier Augen und auch vor anderen

Die Sprache der Liebe, die ein Mensch spricht, muss nicht immer die sein, die er versteht. Es kann viel Leid verhindert werden, wenn man akzeptiert, dass Hilfsbereitschaft eine ebenso vollgültige Sprache der Liebe ist wie Zweisamkeit oder Zärtlichkeit. Und es ist sinnvoll, vor Beginn einer festen Beziehung zu klären, ob man die Sprache der Liebe des anderen versteht oder zumindest bereit ist, sie zu erlernen wie eine fremde Sprache. Eine allein gültige Sprache der Liebe gibt es nicht. Was für den einen Menschen Liebe bedeutet, ist für den anderen vielleicht ganz belanglos. Beide fühlen sich dann unverstanden oder – noch schlimmer – ungeliebt. Wer sich zum Beispiel häufiger eine zärtliche Umarmung wünscht, wird enttäuscht sein, wenn der andere für ihn »nur« zuverlässig die Steuererklärung macht und die Steckdosen auswechselt. Beides ist aber ein völlig legitimer Ausdruck von Liebe. Wird nicht darüber gesprochen, so ist man sich irgendwann sicher, dass der andere zur Liebe nicht fähig wäre. Das ist ein bedauerlicher Irrtum.

Gefühlte Zuverlässigkeit und Sicherheit in einer Beziehung wird gefördert, wenn man die eigene Sprache der Liebe gut kennt und die des Partners ebenfalls sprechen und verstehen kann. Forsche in dieser Woche diesen Sprachen nach und lerne neue Vokabeln. Lache über dich, wenn du dich noch nicht so elegant und fließend in einer neuen Sprache ausdrücken kannst, und übe deinen Sinn für Humor. Du wirst immer besser werden, je öfter du übst. Und kannst damit die Menschen, die du liebst, mit deiner Lernbereitschaft begeistern und inspirieren, dasselbe zu tun.

27. Wie bringe ich Liebe in die Welt?

Wir alle wissen, dass die Dinge sich oft ganz anders entwickeln, als wir es uns gewünscht oder erwartet haben. Von ganz kleinen bis hin zu sehr großen Dingen. In solchen Momenten zeigt sich die innere Haltung eines Menschen. Reagieren wir verbittert, zornig, traurig, hilflos oder anklagend? Oder können wir diese Momente, in denen sich unsere Pläne einfach in nichts auflösen, auch als Hinweis auf andere, bessere Möglichkeiten annehmen und akzeptieren?

Betrachte deine Pläne in dieser Woche in einer inneren Haltung von einem Angebot, das du dem Leben oder anderen Menschen machst. Sie können angenommen werden oder auch nicht – ohne dass sich an deinem guten Grundgefühl etwas ändern muss. Manchmal stimmt der Zeitpunkt oder der Ort nicht, auch wenn mit deinen Vorhaben sonst alles in Ordnung ist. Oder es sind nicht die richtigen Menschen, bei denen du es vorstellst. Es kann aber auch sein, dass deine Vorhaben nicht wirklich von Herzen kommen und ihnen daher die Kraft fehlt, um sie zu einem guten Abschluss zu bringen. Umgekehrt ist es auch möglich, dass dein Projekt zwar von Herzen kommt, aber deine Kraft erschöpft ist. Sorge in diesem Fall zuerst gut für dich, bevor du deine noch verbliebene Kraft in weitere Unternehmen und Projekte investierst.

Wenn du stabil bist und deine Anliegen und Projekte wirklich von Herzen kommen, dann kannst du geduldig abwarten, bis ihre Zeit gekommen ist – ohne Zweifel und ohne Bitterkeit. Und sie in der Zwischenzeit weiter verbessern und polieren, bis sie leuchten und glänzen. Wenn deine Herzensprojekte schließlich gelingen und du sie in die Welt tragen kannst, so lasse andere an deiner Freude teilhaben. Denn du hast dieses Ziel nicht allein erreicht.

Meditation: Veränderung und Neubeginn

In dieser Woche kannst du die Macht der Veränderung für dich nutzen lernen. Achte auf die Freiräume, die entstehen, wenn Dinge sich anders entwickeln als vorhergesehen. Was kannst du jetzt lernen, wozu ist jetzt Gelegenheit? Wie kannst du liebevoll mit dir, der Situation und den Betroffenen umgehen? Gräme dich nicht darüber, was hätte sein können, sondern öffne dich für das, was jetzt möglich wird. Es ist eine wichtige Führungsqualität, gelassen und konstruktiv mit Veränderungen umgehen zu können. Im positiven Sinn steht gesunde Veränderung auch für Flexibilität, Frische, Mut und Neubeginn. Im negativen

Bereich, (wenn sie zum Beispiel übertrieben stark oder lange einen Lebensbereich dominiert) kennzeichnet sie auch Wankelmütigkeit, mangelndes Durchhaltevermögen, Unsicherheit und fehlende Erdung. Was lösen Veränderungen in dir aus? Wie könntest du ihre immense Kraft für dich nutzen?

Ergreife in dieser Woche die Gelegenheit, kleine Abläufe in deinem Leben bewusst zu verändern, um der Bildung von starren Gewohnheiten und lähmender Stagnation entgegenzuwirken. Das hält dich jung und geistig rege. Wähle für deinen täglichen Arbeitsweg eine immer wieder neue Route – selbst wenn du als Fußgänger nur eine Schleife um einen Laternenpfahl gehst. Lies eine neue Tageszeitung oder wähle ein anderes Radio- oder Fernsehprogramm als gewohnt. Trage bewusst auch einmal eine neue Frisur, eine neue Brille oder einen anderen Kleidungsstil. Koste Gerichte, die du sonst nicht isst. Wähle ein für dich ungewöhnliches Reiseziel. Bewahre deinen Humor und lasse dich überraschen, welche neuen Horizonte sich dadurch öffnen. Wachstum und gesunde Entwicklung sind Gefährten mutiger Veränderung.

Atemtechnik: Atmung für die Ohren

Diese ayurvedische Atemtechnik reinigt die Ohren. Sie stärkt Kehle und Sprachzentrum. Die Ohren haben eine enge Verbindung zu Ausdruckskraft und Kreativität. Wir lernen wieder, auf unsere innere Stimme zu »hören«.

» Atme ein und stelle dir kraftvolle, reine Energie vor, die durch deine Schädeldecke eintritt. Visualisiere diese leuchtende Energie in der Stirnmitte, halte den Atem an und spanne die Beckenbodenmuskulatur an. Dann entspanne den Beckenboden und atme gedanklich die Energie als goldenes pulsierendes Licht durch beide Ohren aus. Du kannst auch so lange abwechselnd durch je ein Ohr ausatmen, bis du das Gefühl hast, dass beide Öffnungen gleich durchlässig sind. Atme zum Abschluss noch einige Minuten sanft durch beide Ohren und stelle dir vor, dass dein Kopf nun von allen alten unbrauchbaren Energien und fremden Einflüssen vollständig gereinigt ist. Richte deine Aufmerksamkeit dann auf den Ton, die Worte oder die Melodie, die für dich inspirierende Kreativität und gelungene Kommunikation ausdrücken, und atme diesen akustischen Eindruck tief ein. Du kannst als Alternative dazu auch die Stille »hören« und bei ihr und deiner inneren Stimme bleiben. Verteile diese Energie dann mit dem Ausatmen in deinem Körper.

⌃ Baum

Körperübung: Baum

Diese Übung fördert Balance, Klarheit und Zuversicht. Als Partnerübung unterstützt sie gemeinsames Wachstum und gesunde Entwicklung.

》 Steht nicht zu dicht zusammen, sondern lasst ein bis zwei Handbreit Platz zwischen euren Hüften. Hebt eure inneren Arme Richtung Himmel und legt die Handflächen aneinander. Das äußere Bein hebt ihr zum eigenen inneren Standbein, die Handflächen eurer äußeren Arme finden vor dem Körper zusammen. Ihr

wachst gemeinsam und gebt dabei einander sicheren Halt. Wechselt nach sieben Atemzügen die Seiten, indem ihr die Übung zur anderen Seite hin ausführt.

Wenn du alleine übst, dann lege in der Baumposition die Handflächen vor dem Brustbein aneinander und halte die Unterarme parallel zum Boden. Schaue auf einen ruhigen Punkt vor dir auf dem Boden und verwurzle dich fest in der Erde. Wechsle nach ein paar Atemzügen die Seiten.

28. Welchen Raum hat die Liebe in meinem Leben?

Auf dem Weg der Liebe bist du bisher den vier heilsamen Gefühlen von Liebe, Mitgefühl, Toleranz und Mut begegnet. Und du hast die drei Jahreszeiten des Lebens im Licht der Liebe betrachtet: Kontinuität, Veränderung und Schöpferkraft. Die kreative Schöpferkraft steht im Mittelpunkt dieser Woche. Sie entspricht dem »Sonntag« im Leben, dem Tag, an dem der Alltag ruht. Es ist der Tag des »Nicht-Tuns«, der »Nichteffizienz«. In diesem liebevollen, bewusst leeren Raum kann vieles zueinander finden und sich neu in uns sortieren, das tiefe Weisheit und persönliche Sinnhaftigkeit in sich trägt. Darum ist »Nicht-Tun« so wichtig, um gesund zu werden und zu bleiben. Es ist der heilsame »Schlaf« im Wachzustand, der unseren Geist zutiefst erfrischt und unserer Seele ungestört Zeit lässt, sich mit ihrem Ursprung zu verbinden.

Meditation: Prinzip der Schöpfung

Künstler und Meditierende fürchten die Einsamkeit und Stille nicht – im Gegenteil. Sie fühlen in diesem Raum deutlich die Gegenwart einer höheren Macht. Diese Schönheit, Liebe und Inspiration drücken sie in Kunstwerken, Schriften, Tänzen, Liedern oder einer Geisteshaltung aus, die auch andere Menschen tröstet und inspiriert.

Welchen Raum gibst du der Stille und Liebe in deinem Leben? Wo und wie kann dir eine höhere Macht begegnen? Wo wirst du ganz still, sodass wirklich rein gar nichts geschieht? Wann erlaubst du dir, ohne jedes schlechte Gewissen nicht produktiv und effizient und sinnvoll tätig zu sein? So entsteht Spielraum für Wunder in deinem Leben. Wenn dieser Raum bisher wenig oder kaum existierte, dann übe in dieser Woche die vielleicht schwerste Übung bisher: Jeden Tag lang zehn Minuten lang bewusst gar nichts zu tun. Keine E-Mail- oder Handynachrichten kontrollieren, nicht über Dinge nachdenken oder sich in Körperübungen, Gefühlen oder Gedanken verlieren. Sei einfach nur da. Versuche, dich zu entspannen, und bleibe wach.

Körperübung: Kelch

Diese Übung stärkt die Selbstwahrnehmung. Sie schenkt uns Balance und Erdung. In Beziehungen lehrt sie uns, den Punkt optimaler Übereinstimmung zu finden. Dies bildet die Basis für Entspannung und gegenseitiges Vertrauen.

>> Steht hüftbreit und bleibt stabil in eurer Mitte. Reicht euch die gestreckten Arme und zieht nicht zu stark am Partner. Bleibt in eurer eigenen Mitte und findet den idealen Punkt, an dem ein harmonisches, entspanntes Gleichgewicht möglich ist. Atmet Kraft und Frische aus der Verbindung mit der Erde ein und

⌂ Kelch

lasst diese Kraft mit dem Ausatmen in den Raum zwischen euch fließen. Nehmt wahr, wie sich in diesem Kelch gemeinsame Energie sammelt und euch Dinge und Projekte ermöglicht, die alleine nicht denkbar wären.

Auf diese Weise profitieren beide Partner. Keiner »raubt« dem anderen Energie, sondern beide teilen miteinander und mit der Welt ihren Reichtum. So kann Beziehung zu einer Quelle des Glücks werden.

Wenn du alleine übst, dann schließe im hüftbreiten Stand die Augen und konzen-triere dich auf deine Fußsohlen. Verbinde dich mit der Erde und fange dann langsam an, deinen Bewegungsspielraum um diesen sicheren Anker auszuloten. Schwinge vor und zurück, seitlich und im Kreis. Achte darauf, dein inneres wie äußeres Gleichgewicht dabei nicht zu verlieren.

Atemtechnik: Mantra Gayatri

Dieses Mantra wird seit Tausenden von Jahren rezitiert, um das Licht von liebevoller Liebe und Wahrheit in die Welt zu bringen. Lange Zeit war es nur den höchsten Würdenträgern vorbehalten –

heute ist es allen Menschen zugänglich. Dieses »Gebet an die Sonne« richtet sich nicht an die Sonne am Firmament, sondern an die strahlende Wahrheit und das Wissen, das jedem Menschen innewohnt. Erkennen wir es, so wird das innere und äußere Licht eins und der Mensch erfährt »Erleuchtung«. Traditionell wird es in der Morgen- und Abenddämmerung sowie zur Mittagsstunde rezitiert.

Du kannst es auf CD hören, es aufschreiben, selbst sprechen oder singen. Lass dich von seiner Wirksamkeit überraschen.

Om bhur bhuva svaha
Tat savitur varenyam
Bhargo devasya dhimayi
Diyo yo na pracho dayat.

Die Übersetzung lautet:

»Wir meditieren über den Glanz des verehrungswürdigen göttlichen Prinzips und den Urgrund der drei Welten Erde, Luftraum und himmlische Regionen. Möge das höchste Göttliche uns erleuchten, auf dass wir die höchste Wahrheit erkennen.«

Die wörtliche Übersetzung lautet:

»Lasst uns über das Om meditieren, jenen Urlaut Gottes, aus dem die drei Bereiche, das Grobe-Irdische (*bhur*), das Feinere-Ätherische (*bhuvah*) und das Feinste-Himmlische (*svah*) hervorgegangen sind.

Lasst uns das höchste, unbeschreibbare, göttliche Sein (*tat*) (für vorzüglich halten =) verehren (*varenyam*), die schöpferische, lebensspendende Kraft, die sich in der Sonne (*Savitur*) kundtut.

Lasst uns über das strahlende Licht (*bhargo*) Gottes (*devasya*) meditieren (*dhimahi*), welches alles Dunkel, alle Unwissenheit, alle Untugenden vernichtet.

Möge dieses (*yo*) Licht unseren (*naḥ*) Geist (*dhiyo*) erleuchten (*pracodayat*).«

Sieben Schlüssel zur Kreativität

Neue Horizonte und berührende Möglichkeiten entfalten sich.
Wir erkennen Zusammenhänge und neue Wege aus alten Mustern.

Die ersten drei Tore entsprechen der soliden Basis in unserem Leben: Sicherheit, Balance und Kraft. Das zentrale Tor der Liebe steht für Wandel und Neubeginn. Nach dieser wichtigen Zeit des Lernens und der Vorbereitung öffnen sich nun die Tore der Schöpferkraft: Kreativität, Klarheit und Weisheit. Sie bieten Spielraum für Neues und ordnen die vielen kleinen Puzzleteile unseres Lebens zu einem farbenprächtigen Bild. Frische, Freiheit, Klugheit, Humor, Charisma und Leichtigkeit begleiten diese Phase unseres Lebens.

Auf der körperlichen Ebene entspricht diese Phase der präzisen Koordination, auf der mentalen der Fähigkeit, innovativ zu denken. Auf der emotionalen Ebene entfaltet sich die Fülle von kreativer Gestaltung und Kunst. Du wirst in diesem Kapitel dazu angeregt, dein eigenes kreatives Potenzial zu entfalten und Balance zwischen den unterschiedlichen Rollen in deinem Leben zu finden. So kannst du dem Weg deines Herzens folgen, das passende Umfeld finden und dich der Welt mit deiner Begabung zeigen.

Die sieben Stufen zum Tor der Kreativität stehen in enger Verbindung zu den Elementen Holz, Wasser, Erde, Feuer, Metall und Luft. Sie repräsentieren Wachstum, Zusammenhang, Festigkeit, Temperatur, Struktur und Raum. Du erfährst, wie sie in deinem Körper, deinem Geist und deinen Gefühlen wirken und wie du sie zu deinem Besten lenken kannst.

Kraftorte für Kreativität und Kommunikation sind Orte, an denen sich die gestaltende, kreative Kraft des Menschen mit der Architektur und Landschaft harmonisch verbindet. Es sind Plätze, die auf vielen Ebenen Raum für Austausch und Begegnung ermöglichen. Die Fotos zu den Übungen dieses Kapitels entstanden auf dem Marktplatz von Zwettl, der vom Künstler Friedensreich Hundertwasser gestaltet wurde. Er ist bunter, lebendiger Mittelpunkt einer Region, in der bis heute viele Künstler leben und arbeiten.

Du kannst Kraftplätze für dieses Tor des Lebens überall dort finden, wo Kunst für den Menschen berührbar und erfahrbar wird. In Landschafts- und Skulpturengärten, Parkanlagen und künstlerisch gestalteten Bereichen, die dich erfreuen und inspirieren. Die folgenden Übungen unterstützen dich dabei, dein kreatives Potenzial und deine kommunikativen Fähigkeiten zu entfalten und zu fördern.

29. Was ist die Quelle meiner Inspiration?

Nimm dir in dieser Woche Zeit, dem nachzuspüren, was dich inspiriert. Wann und wo fühlst du dich zutiefst berührt? Sind es Begegnungen in der Natur, mit anderen Menschen, mit Kunstwerken, der Musik oder in der Meditation? Oder etwas ganz anderes? Wenn du weißt, was es ist, dann kannst du bewusst Raum für diese Begegnungen schaffen, dir selbst und deiner Umgebung zuliebe. Denn unsere innere Ausgeglichenheit und Gesundheit hängt zu einem großen Teil mit der Möglichkeit zusammen, unsere Kreativität leben zu dürfen.

Meditation: Holz (Leber und Galle)

In der Sprache der Elemente steht Holz für frische Energie, Forscherdrang, Unschuld und neue Möglichkeiten. Die Kreativität und die Kraft dieses Elements können zu Wut oder Leblosigkeit führen, wenn sie blockiert werden. Ist die Holzenergie im Menschen ausgeglichen, so kann er einschätzen, wann und in welcher Form Aktivität erforderlich ist und wann Zeiten der Ruhe notwendig sind. Er steht nicht ständig »unter Strom« und ist daher auch nicht »ausgebrannt«. Tinnitus, Reizdarm oder hoher Blutdruck haben dann keine Chance. Blähungen, Süßhunger, Prostataprobleme und Schlaflosigkeit werden gelindert, wenn die Leberenergie durch warme Leberwickel, Meditation, vollwertige Ernährung

und ausreichend Bewegung wieder in einen gesunden Fluss gebracht wird. Trennt man aber häufig Vorsatz und Ausführung, so schwächt dies auf Dauer die Energie der Leber. Will man sich eine gesunde Leberkraft erhalten, so ist es wichtig, kleine, erreichbare Ziele anzuvisieren, diese durchzuführen, erkennbar abzuschließen, und sich aufrichtig am Ergebnis zu freuen.

Die Leber ist ein wichtiger Blutspeicher und gibt das Blut bei Bedarf blitzschnell an die erforderlichen Gebiete weiter. Weiche, elastische Bänder und Gelenke, ausreichende Sexualenergie, feuchte Augen und gute Ableitung von Giftstoffen sind Merkmale einer gesunden Leber. Auch die Schärfe und Kraft der Augen ist direkt von der Leberenergie abhängig. Die Gallenblase ist der ausführende Baumeister des Architekten »Leber«. Gestörte Abläufe in der Leber manifestieren sich oft deutlich und schneller sichtbar in der Gallenblase. Kontrollsucht, Zorn, mangelndes Durchhaltevermögen und fehlende Entschlusskraft sind Anzeichen einer gestörten Galle- und Leberenergie. Eine gesunde Gallenblase zeigt sich im Mut eines Menschen. Kräftige Knochen und Gelenke (besonders Schultergelenke) sind ebenfalls Hinweise für eine gesunde Gallenblase.

Nimm dir zur Harmonisierung deiner Leberkraft in dieser Woche Zeit, die Farbe Grün in dein Leben zu bringen: Trage sie, male sie, gehe in die Wälder. Die Farbe

⬥ Kind

Grün wirkt heilend auf den Funktionskreis von Leber und Galle. Nimm dir am Morgen ein realistisches Tagesprogramm vor, das dir Zeit für Pausen lässt und das du bis zum Abend gut bewältigen kannst. Lobe dich am Abend für den Erfolg und genieße die Nachtruhe. In der Zeit von 23.00 bis 1.00 sind Leber und Galle am aktivsten. Mache dir nach Möglichkeit jeden Tag warme Leberwickel und ruhe nach dem Essen, das du regelmäßig zu dir nimmst. Gönne dir auch 1- bis 2-mal in dieser Woche etwas inspirierend Neues: Einen Vortrag, Film oder ein Buch zu einem neuen Thema, ein kleines Seminar, eine neue Wanderung oder einen spannenden Tanzkurs. Lass es eine Herausforderung für dich sein, an der du wächst und die dich ein Stück weiterbringt.

Körperübung: Kind (Garbhasana)

Diese Übung wirkt erdend und beruhigend. Es ist die Haltung, die wir im Mutterleib eingenommen haben. Unser Blick ist nach innen gerichtet, wir sammeln Kraft und Stärke für neue Wege und Dimensionen.

» Komme in den Fersensitz und bewege den Oberkörper ausatmend Richtung Boden. Die Stirn berührt den Boden, das Becken befindet sich auf den Fersen. Die Arme liegen neben dem Körper, Kopf und Nacken sind entspannt. Alternativ kannst du auch mit beiden Fäusten einen Turm bilden und die Stirn so etwas erhöht ablegen. Sollten Gesäß und Fersen keinen Kontakt haben, so lege eine Decke unter die Kniekehlen, damit auch die Hüften sich entspannen können. Manchmal lässt die Anatomie des Körpers eine Dehnung am Knöchel nicht zu. In diesem Fall rolle eine Decke zusammen und lege diese zwischen Boden und Knöchel.

Atemtechnik: Atemwelle

Diese Übung entlastet die Rückenwirbel und stärkt den Beckenboden. Dieser stützt nicht nur die inneren Organe, sondern verhilft auch zu einem starken Geist und sicherer Kontrolle über die Emotionen.

Entlang der Wirbelsäule verläuft die »Sushumna«, ein energetischer Kanal, in dem alle sieben Hauptchakras des Menschen wie an einer Perlenschnur angeordnet sind. Blockaden in einem oder mehreren dieser »Energieknotenpunkte« können zu unangenehmen körperlichen und mentalen Symptomen führen. Der sanfte Flow der Atemwelle harmonisiert diese feinstofflichen Energiebahnen.

» Lege dich auf den Rücken und stelle die Fersen nah an das Becken, die Knie zeigen zur Decke, die Füße stehen fest auf dem Boden und sind hüftbreit geöffnet. Die Arme liegen nah neben dem Körper, die Handflächen zeigen nach unten. Mit dem Einatmen ziehst du die Beckenbodenmuskeln nach innen und oben und hebst du das Becken Richtung Decke, mit dem Ausatmen löst du die Beckenbodenmuskeln und senkst das Becken wieder langsam. Fahre sieben Atemzüge lang in deinem eigenen Atemrhythmus fort.

30. Wie bringe ich innere und äußere Inspiration in Einklang?

Manchmal fällt es uns schwer, zwischen innerer Eingebung und äußerer Inspiration (oder Manipulation) zu unterscheiden. Oft beeinflusst auch das eine das andere. Problematisch wird das dann, wenn es wichtig ist, eine vollkommen autonome Entscheidung zu treffen: etwa bei großen Lebensfragen wie der Berufs- oder Partnerwahl. Eine sinnvolle Vorgehensweise ist es, auf der realen Ebene so viel voneinander unabhängige Informationen wie nur möglich zu sammeln. Nachdem dies getan ist, braucht eine gute Entscheidung Raum und Stille, ohne Beeinflussung von außen. Jetzt sind Körpergefühl und Herz entscheidend. Aus dieser dreifachen Sicherheit kann die ruhige Kraft heranwachsen, die notwendig ist, um selbstbewusst die Verantwortung für große Entscheidungen zu übernehmen. So können wir sicher sein, dass es wirklich unsere eigene Entscheidung war und wir nicht von anderen in eine Richtung gedrängt wurden, die letztlich nicht unsere eigene ist. Menschen, die auf diese Weise eine gesunde Balance zwischen äußerer Information und innerer Eingebung finden, sind selten unzufrieden mit ihrem Leben. Sie nörgeln und jammern nicht und sind sich ihrer selbst und ihrer gestaltgebenden Kraft im Leben bewusst.

Meditation: Wasser (Niere und Blase)

Wasser führt zum Ursprung und Kern des Lebens. Es symbolisiert die Ruhe und Kraft im Menschen. Diese ursprüngliche Lebensenergie erhalten wir als Essenz von unseren Eltern und Vorfahren. Sie wird in den Nieren abgelegt und gespeichert. Die Niere sorgt auch für die richtige Konzentration von Mineralstoffen im Wasser unseres Körpers und sichert somit die Erhaltung unserer Lebensprozesse. Alle anderen Elemente hängen in ihrem Zustand von der Energie des Wassers ab. Diese Energie zeigt sich in der Ehrfurcht vor dem Leben. Übertriebene Furcht führt aber zu Angst, welche die Gefahr übersteigert oder sich Gefahr einbildet. Diese Angst entsteht durch Enge, Misstrauen, Starrheit und die Verweigerung, vertrauensvoll mit dem Leben zu fließen.

Kräftige Blasenenergie gibt uns die körperliche Gewissheit, über genügend Ressourcen zu verfügen und mit äußeren Anforderungen gelassen umgehen zu können. Entsprechend ihrer physiologischen Funktion des Speicherns und Abgebens steht die Blase auch für Flexibilität. Der Zustand des Rückens, insbesondere der Wirbelsäule, ist Ausdruck des Zustands der Blasenenergie.

Pflege in dieser Woche dein Wasserelement, indem du besonders der Zeit von 15.00 bis 19.00 Uhr Aufmerksamkeit

⬡ Boot

schenkst, wenn diese Organe am aktivsten sind. Gönne dir Zeit am oder im
Wasser, betrachte ein Bild des Ozeans
oder eines schönen Wasserfalls und trage
blaue oder weiße Kleidung. Fließende,
anmutige Körperübungen und Atemtechniken wie die Wechselatmung stärken
dich in dieser Zeit ganz besonders. Dein
Rücken, deine Knie, Knochen und Zähne
profitieren von einer starken Wasser-
energie. Deine Sexualkraft, deine frische
Ausstrahlung und deine Gelassenheit
wird dadurch unterstützt.

Körperübung: Boot (Navasana)
Diese Haltung verhilft zu innerer und
äußerer Balance, Ausdauer und Kraft.

≫ Setze dich auf den Boden und stelle deine
Beine parallel und hüftbreit geöffnet
nebeneinander auf. Fasse mit beiden
Händen in die Kniekehlen. Ziehe nun
die Schultern zurück und richte deine
Wirbelsäule gerade auf. Bringe jetzt
entweder nur die Unterschenkel parallel
zum Boden oder strecke die Beine gerade
aus und bringe die Füße bis in Kopfhöhe.

Achte darauf, dass deine Wirbelsäule aufrecht und lang bleibt und ziehe die Schulten Richtung Wirbelsäule. Jetzt löse die Hände von den Beinen und strecke sie ebenfalls nach vorne. Halte hier sieben Atemzüge lang und lass deinen Atem dabei ruhig und gleichmäßig fließen.

Atemtechnik: Wechselatmung (Nadi Shodhana)

Diese Atemtechnik wirkt ausgleichend und nervenberuhigend. Sie reguliert den Blutdruck und fördert Gelassenheit. Zwischen den Polen von Aktivität und Passivität unterstützt sie den Ausgleich von Anspannung und Entspannung. Viele Menschen, die unter Bluthochdruck leiden, können mit regelmäßiger Übung und veganer Ernährung ihre Medikamente deutlich reduzieren.

» Sitze aufrecht und gerade am Boden oder auf einem Stuhl und forme mit der linken Hand das Chin Mudra: Lege dafür Daumen und Zeigefinger der linken Hand sanft aneinander. Du kannst die Hand auf dem linken Oberschenkel ablegen. Die rechte Hand hebe zum Gesicht und bringe den rechten Daumen an den rechten Nasenflügel. Atme jetzt links ein, schließe mit Ringfinger und Daumen der rechten Hand beide Nasenlöcher, öffne dann wieder rechts, und atme rechts aus. Atme rechts auch wieder ein, schließe wieder beide Nasenlöcher und öffne links. Atme links aus, und gleich lang wieder ein – dann beginne wieder von Anfang an. Fahre so für einige Minuten weiter fort. Halte Rücken und Kopf dabei gerade. Senke nach 3 bis 7 Minuten dann beide Hände und lege Daumen und Zeigefinger jeder Hand aneinander. Spüre der Energie in deinem Körper in Ruhe nach, bevor du die Augen öffnest.

31. Wie entfalte ich meine kreative Kraft?

Wir sind oft so eng verbunden mit unserer kreativen Kraft, dass wir sie selbst nicht benennen können. Ob es eine besondere Feinfühligkeit ist, der gute Geschmack, unsere Fähigkeit, Stimmungen auszugleichen oder eine bestimmte Inspiration zu vermitteln – es kann sehr leise und fast unsichtbar sein, was mit uns in die Welt kommt, oder auch deutlich sichtbar und unüberhörbar. Unsere Aufgabe ist es, diese Gabe zu pflegen und zum Wachsen zu bringen.

Meditation: Erde (Magen und Milz)

Das Element Erde steht für die harmonische Mitte und wird symbolisiert durch die Organe Milz, Pankreas und Magen. Es sorgt dafür, dass der Mensch zuverlässig, mitfühlend, gutmütig und ausgleichend ist. Im idealen Fall wird das Erdelement bereits in der Kindheit durch elterliche Fürsorge, gesundes Essen und ein gutes Zuhause genährt. Ein Ungleichgewicht im Erdelement kann sich in Unter- oder Übergewicht und Überfürsorglichkeit ausdrücken, in Sorgenschwere, Vergesslichkeit und Bedürftigkeit. Körperlich kommen Magenbeschwerden, Blähungen, Durchfall, Müdigkeit, Kältegefühl, Ödeme und Bindegewebsschwäche vor.

In seiner bildlichen Funktion steht der Magen für den Appetit, die Welt in sich aufzunehmen, zu lernen und für andere zu sorgen. Die Magenenergie ist verantwortlich dafür, wie großzügig wir der Welt begegnen und welchen Geschmack wir daran finden. Milz und Pankreas sorgen für die reibungslose Zirkulation der Körperflüssigkeiten. Ansammlungen von Wasser deuten auf eine niedrige Milz- bzw. Pankreasenergie hin. Diese Beweglichkeit steht auch für die Fähigkeit zu geistiger Arbeit. Milz und Pankreas fordern ein Gleichgewicht geistiger und körperlicher Aktivität, um nicht zu erlahmen.

Stärke in dieser Woche deine Erdenergie, indem du in der Zeit zwischen 7.00 und 11.00 Uhr, wenn die Erdenergie am stärksten ist, besonders aufmerksam bist. Sorge schon am Morgen für einen angenehmen Klingelton, der dich weckt und stelle sicher, dass dein Blick als erstes auf etwas Schönes fällt. Denke nicht sofort an das, was heute alles zu tun ist, sondern nimm dir etwas Zeit für freundliche Gedanken, Dehnübungen oder eine kleine Atemmeditation. Decke den Tisch mit schönem Geschirr und frischen Blumen und frühstücke in Ruhe. Übe alles, was deine Gemütsruhe am Vormittag fördert. Trage oder betrachte die Farben Gelb, Ocker und Braun. Spaziere in dieser Woche über Wiesen und entlang von Feldern und Äckern. Gehe barfuß, so oft es geht.

⬥ Bogen

Körperübung: Bogen (Dhanurasana)

Diese Körperübung stärkt die Mitte. So können wir uns nach außen öffnen und unser Wissen in die Welt tragen. Bei Bandscheibenproblemen im unteren Rücken ist es besser, als Alternative die Atemwelle (Seite 118) zu üben.

≫ Lege dich auf den Bauch und fasse mit den Händen die Fußknöchel. Presse die Oberschenkel fest in den Boden, um den Rücken zu schützen. Der Blick geht nach vorn, die Schultern ziehen nach hinten und unten. Atme tief und halte die Position einige tiefe Atemzüge lang.

Atemtechnik: Nabelatmung

Diese Atmung unterstützt den Stoffwechsel und aktiviert alle inneren Organe.

≫ Atme in deiner Vorstellung durch den Nabel ein. Stelle dir vor, dass frische Kraft spiralförmig in deinen Nabel eintritt – halte dann den Atem an und schüre so dein Verdauungsfeuer. Mit dem Ausatmen versorge alle Organe und Körpergewebe mit neuer Energie. Lasse mit jedem Atemzug diese Energie in dir heller und leuchtender werden.

32. Was ist das Herz meiner Kreativität?

In den letzten drei Wochen hast du die Quellen deiner Inspiration, die Balance zwischen innerer Eingebung und äußerer Anregung sowie deine ganz persönliche kreative Kraft gefördert. In dieser Woche geht es darum, diese kreative Kraft mit deiner Tatkraft zu verbinden. Du brauchst dich dafür nur daran zu erinnern, was du als Kind von Herzen gern getan hast – welche Materialien du geliebt hast, welche Abläufe, welche Umgebung, welche Spiele, welche Rollen darin. Ein Kind, das oft in der Natur und dort am allerglücklichsten war, wird als Erwachsener nur selten in täglicher Büroarbeit seine Erfüllung finden. Kinder, die stundenlang zufrieden mit Lego oder Bauklötzen gespielt, gepuzzelt oder gemalt haben, schon eher. Kinder, die gern allein waren, haben andere Fähigkeiten als jene, die am liebsten in der Gruppe unterwegs waren. Wenn du dich selbst nicht an die Spiele deiner Kindheit erinnern kannst, dann frage deine Eltern und Verwandten, deine älteren Geschwister oder früheren Nachbarn.

Kinder sind ganz natürlich mit ihrer kreativen Kraft verbunden. Wenn du Kinder beobachtest, was sie am liebsten und voller Hingabe tun, dann erkennst du häufig, welche Berufung sie haben – ganz gleich, in welchem Beruf sie diese später tragen. Begib dich innerlich wieder in das Zentrum deiner kindlichen kreativen Energie (Feinfühligkeit, Kunstfertigkeit, Organisationstalent, Forscherdrang) und spiele dann mit den äußeren Möglichkeiten. Wie kann deine kreative Kraft besser wahrnehmbar werden und deine Begabung heute einen guten Weg finden?

Meditation: Feuer (Herz und Dünndarm)

Die besondere Stärke des Feuerelements besteht darin, mit der Umwelt in Resonanz treten zu können. Es nährt einen klaren, wachen Geist, sorgt für erholsamen Schlaf und ein gutes Gedächtnis. Großzügigkeit und Freude am Leben sowie glückliche Sexualität gehören zum gesunden Feuer eines Menschen. Eine nur wenig belegte Zunge, klare, strahlende Augen und deutliche, mitfühlende Sprache sind weitere Kennzeichen einer kräftigen Herzenergie.

Unausgeglichenes Feuer im Menschen kann Panikattacken, Depression und Psychosen auslösen. Eine wichtige Eigenschaft des gesunden Feuerelements besteht in der Antriebskraft und der klaren Koordination – das »beherzte Handeln«. Dazu gehört die Fähigkeit, klar, mitfühlend, überlegt und zielgerichtet agieren zu können. Zu viel Motivation ohne Koordination führt zum Burn-out, pure Koordination ohne herzliche Motivation bleibt kühl, lebensfremd und leer.

⌂ Blitz

Pflege in dieser Woche dein Feuerelement, indem du zwischen 11.00 und 15.00 Uhr, wenn die zugehörigen Organe besonders aktiv sind, eine Pause machst, in der du dich nährst und tust, was dir Freude bereitet: gutes Essen, ein ausgiebiger Spaziergang, deine Lieblingsmusik. Nimm dir in dieser Woche nicht mehr vor, als du gut bewältigen kannst, und feiere gemeinsam mit deinen Freunden oder deiner Familie – klein oder groß, wie du magst. Einen Anlass dazu kannst du finden oder erfinden. Du kannst ausgelassen tanzen, deine(n) Liebste(n) lustvoll verführen oder für alle kochen. Tu genau das, was dein Herz erfreut, und genieße es.

Körperübung: Blitz (Utkatasana)

Diese Körperübung stärkt Kraft, Mut und Durchhaltevermögen. Sie steht für die mutige Bereitschaft, das Feuer der Verwandlung zu ertragen, um wie ein Phönix aus der Asche neu geboren zu werden. Die Beinmuskulatur und Rückenmuskeln werden dabei intensiv gestärkt.

❯❯ Komme aus dem hüftbreiten Stand in eine »stehende Sitzposition«. Der Kopf befindet sich zwischen den Armen. Kopf, Rücken und Becken bilden eine Linie. Halte diese Position mehrere Minuten lang, atme dabei tief und ruhig und spüre das Feuer in deinem Körper aufsteigen.«

Atemtechnik: Herzensgruß (Namaste)

Diese Atemtechnik harmonisiert und entspannt das Herz. Sie beugt Burn-out und Erschöpfung vor und fördert gesunde Grenzen. Wenn du dich müde oder erschöpft fühlst, kannst du mit dieser Übung rasch frische Energie tanken.

❯❯ Bringe im Sitzen oder Stehen deine Handflächen aneinander und strecke sie weit nach oben. Die Fingerspitzen bilden ein spitzes Dach. Stelle dir vor, dass du damit die feine Energie des Himmels berührst. Atme diese Energie tief ein und ziehe deine Hände mit dem Ausatmen langsam nach unten bis in die Mitte deines Brustkorbs. Hebe mit dem nächsten Einatmen die Ellbogen an und »gieße« mit dieser Bewegung die Energie tief in dein Herz. Wenn du spürst, dass du genug Energie bekommen hast, dann strecke die Hände erneut nach oben und ziehe die feine Energie ausatmend wieder nach unten. Verneige dich und lass diese Energie in deiner Vorstellung zu den Menschen und Projekten fließen, die Zuwendung brauchen.

33. Was ist die best-möglichste Ausdrucks-form meiner Kreativität?

Du weißt jetzt, worin deine kreative Kraft besteht und welche Gestalt sie in der Welt annimmt. In dieser Woche geht es um die Balance zwischen der Gestaltung, die dir selbst die liebste ist, und der, welche die Welt versteht. (Literatur- und Künstleragenten, Berater und Profiler haben dies zu einem lukrativen Geschäftszweig gemacht.) Es bringt uns humorvolle Balance und inneres Wachstum, wenn wir selbst den Blick dafür schärfen, wie andere unser kreatives Schaffen wahrnehmen. Oft sind wir hier sehr empfindlich für »Kritik«, weil unser Herzblut beteiligt ist. Schaffen wir es aber, auch andere Sichtweisen zuzulassen, so öffnen sich häufig ganz neue, bereichernde Perspektiven. Denn »wahr« ist nicht nur, was wir erschaffen haben, sondern »wahr« ist ebenso, was andere darin »wahr-«nehmen. So erweitern und öffnen wir unser kommunikatives, kreatives Potenzial.

Meditation: Metall (Lunge und Dickdarm)

Die besondere Stärke des Metallelements liegt in gesunden Grenzen. Man ist aufgeschlossen, hat aber klare, innere Richtlinien. Der wache Verstand und die sichere Intuition, was sich richtig anfühlt, geben Halt. Ein sichtbarer Ausdruck der Balance dieses Elements ist gesunde Haut, gutes Geruchsvermögen, definierte Muskeln und eine aufrechte, anmutige Haltung. Ein Mensch, dessen Metallelement in Balance ist, erscheint beweglich, diplomatisch und gut strukturiert. Ist das Metallelement aus dem Gleichgewicht geraten, so wird der Mensch oft unlogisch, zynisch, dabei verletzend und gleichzeitig sehr empfindlich, übergriffig und manipulierend. Er leidet auch häufig unter Atemproblemen, schlechter Haut, Platzangst oder Gewichtsproblemen.

Nimm dir in dieser Woche Zeit, dein Metallelement zu pflegen. Trage silbrige oder weiße Kleidung oder Unterwäsche. Sei dir der Uhrzeit von 3.00 bis 7.00 Uhr morgens bewusst, in der Lunge und Dickdarm besonders aktiv sind. Räume daher abends dein Schlafzimmer und den Küchenbereich auf, denn das Element Metall freut sich über gute Ordnung und Struktur. Iss am Abend nicht zu spät und nichts Schwerverdauliches, damit die Ausscheidung gut funktioniert. Deine Haut und deine Schlafqualität werden es dir danken. Entrümple in dieser Woche deinen Kleiderschrank, dein Büro und/oder deinen Terminkalender. Was ist wirklich nötig, was nur trübe Gewohnheit? Ein gesundes Metallelement hilft dabei, loszulassen, was wir nicht mehr brauchen, und schafft Raum für neue, gesunde Inhalte und Strukturen.

Körperübung: Halber Handstand (Adho Mukha Vrksasana)

Die Welt steht kopf. Diese Körperübung macht den kopf frei für neue Sichtweisen und überraschende Perspektiven. Sie stärkt unsere Arm- und Schultermuskulatur und fördert Durchhaltevermögen und Standfestigkeit. Vorsicht bei Migräne, Bluthochdruck, während der Menstruation oder bei Problemen mit dem Augendruck – hier sind die stehende Vorbeuge (Seite 76) oder der Hund (Seite 86) bessere Alternativen.

» Stelle dich mit dem Rücken vor eine stabile Wand – etwa in einer Beinlänge Entfernung. Komme dann mit den Händen nach unten und wandere mit festem Druck mit den Füßen an der Wand hoch. Halte die Arme dabei gestreckt und presse den Boden entschieden von dir weg. Wandere dann mit den Füßen die Wand hoch, bis sich beide Beine genau parallel zum Boden befinden. Strecke die Beine. Du kannst so bleiben oder auch ein Bein gerade nach oben richten. Halte die Position einige tiefe Atemzüge lang und genieße deine Kraft und deinen Mut, dich für völlig neue Sichtweisen und Positionen zu öffnen.

⌃ Halber Handstand

Atemtechnik: Vokale tönen

Jeder Vokal hat eine andere Bedeutung. A steht für Herzensfreude, E für erfolgreiche Kommunikation, I für Inspiration, O für Schutz und U für Heilung. Jeder Name bildet eine Botschaft für seinen Träger, die aus der Bedeutung der Vokale entschlüsselt werden kann.

Einfache Vokale bedeuten die »einfache« Erfahrung dieses Vokals, doppelte Vokale in einem Namen weisen auf eine Lehrfunktion hin, die ihr Träger anstreben sollte, dreifache auf eine Meisterschaft. Menschen fühlen sich oft am besten, wenn ihr Leben mit der Bedeutung ihres Namens übereinstimmt. In vielen spirituellen Traditionen erhalten die Anwärter oft einen neuen, zusätzlichen Namen zu ihrem Geburtsnamen. Dies bedeutet, dass sie nun auch neue Aufgaben im Leben übernehmen. Namen tragen große Kraft in sich. Es ist daher wichtig, sie weise zu wählen – ob für Neugeborene, bei einer Heirat, nach einer Scheidung, als spirituelle Praxis oder als Künstler- und Firmennamen.

» Nimm eine bequeme Haltung ein, in der die Wirbelsäule aufgerichtet ist – im Stehen oder Sitzen. Atme ein und töne dann mit dem Ausatmen den ersten Vokal deines Namens. Lasse die Konsonanten aus und verbinde die Vokale nacheinander. Lass die Vokale am Ende auf »M« ausklingen. Das »M« steht für die Energie, zu der wir alle heimkehren, wenn unsere Arbeit auf der Erde getan ist. Finde die Melodie oder Tonfolge, die dir gefällt oder singe sie in verschiedenen Varianten. Sei dir dabei der Bedeutung deines Namens und des damit verbundenen Auftrags bewusst. Du wirst erkennen, dass das Tönen der Vokale deines Namens dir viel Kraft verleiht. »Bernhard« würde zum Beispiel E..A..M getönt werden und bedeutet: »Über erfolgreiche Kommunikation zur Herzensfreude gelangen.« »Barbara« wird A..A..A..M getönt und kann übersetzt werden in: »Über die Erfahrung der Herzensfreude, diese an andere weitergeben lernen und bis zur Meisterschaft entwickeln.«

34. Wie bringe ich meine Kreativität in die Welt?

In dieser Woche ist Mut gefragt. Es liegen ungezählte Manuskripte, Ideen, Projekte, Lieder und Kunstwerke ungenutzt in Schubladen, auf Dachböden oder Festplatten, weil der Schritt in die Öffentlichkeit, vor Kritik und Veränderung gefürchtet wird. Auch neue Fertigkeiten werden aus Scheu oft nicht präsentiert. Das ist schade. Blumensamen brauchen Erde, um aufgehen und andere erfreuen zu können. Natürlich könnte es Gewitter geben und wilde Tiere, die sie niedertrampeln. Ist das ein Grund, keine Blumensamen mehr in die Erde zu legen? Nein. Das Schlimmste, was geschehen kann, wenn man den Schritt wagt, sein Werk zu veröffentlichen oder seine kreativen Fähigkeiten zu zeigen, sind Spott, Absagen oder Kritik. Das macht aber nichts, ganz im Gegenteil. Es hilft sogar dabei, sich über die eigene Motivation innerlich ganz klar zu werden. Wenn es sich richtig anfühlt und mit Wahrhaftigkeit und einer guten Absicht erschaffen wurde, dann können äußere Faktoren diese stabile innere Basis nicht gefährden.

Du kannst versuchen, auf Kritik nicht verletzt zu reagieren, sondern es humorvoll als gutes Werkzeug zu nutzen. Ist an der Kritik vielleicht etwas Wahres, sodass du selbst noch etwas verbessern könntest? Das trifft oft zu, wenn mehrere Menschen unabhängig voneinander dieselbe Kritik sachlich und informativ äußern. Wird Kritik aber abwertend oder emotional vermittelt, so hat sie meistens wenig mit dir zu tun, sondern ist eher ein Ausdruck der persönlichen Charaktereigenschaft des Menschen, der sie äußert. Darauf zu reagieren ist nicht sinnvoll. Bleibe ruhig und gelassen und stabilisiere deine inneren Grenzen. Es gibt manchmal Menschen, die gerne provozieren und Freude daran haben, andere aus dem Gleichgewicht zu bringen. Deine unerschütterliche Gelassenheit ist die wirksamste und schärfste Waffe gegen chronische Unruhestifter.

Meditation: Luft

In den letzten Wochen hast du die Eigenschaften und die bildhafte Organsprache der Elemente Holz, Wasser, Erde, Feuer und Metall kennengelernt. Jetzt geht es darum, dass du eine gute Balance zwischen diesen Elementen findest. Die Luft bildet den Rahmen und Raum, in dem die Elemente wirken und sich manifestieren. Sie ist das feinstofflichste aller Elemente und kann Informationen blitzschnell aufnehmen und weitertragen. Darin lebt das feinstoffliche »Prana«, die Lebensenergie, die uns alle am Leben erhält. Zu seiner guten Balance braucht es Rhythmus, Schönheit, Harmonie, Inspiration und Wärme. Im optimalen Fall bekommt jedes Element genügend Raum. Wenn wir eines davon vernachlässigen, leiden letztlich auch alle anderen. Das bezieht sich sowohl auf den körperlichen

Aspekt als auch auf den mentalen und emotionalen Faktor. Hier ist also unsere ganze Kreativität gefragt. Die »Elemente«-Übersetzung der Frage: »Wie bringe ich meine Kreativität in die Welt?« lautet zum Beispiel: »Wie bringe ich genug Energie auf (Holz), um mit dem Fluss des Lebens zu schwimmen und die Angst vor dem Scheitern zu überwinden (Wasser) und das Feuer in mir so zu entfachen (Feuer), dass ich visionäre neue Strukturen entwickeln (Metall) und sie dann so umsetzen kann, dass sie mir auch Ertrag bringen? (Erde)«.

Ein Künstler, der für sein Werk brennt, hat viel »Feuer«. Wenn er es aber nicht »auf die Erde« bringt, so hat er wenig oder kaum Geld und Strukturen (wenig »Erde« und »Metall«). Dies ist ein typisches Beispiel für eine Unausgewogenheit der Elemente. Das kann sich letztlich auch ganz speziell auf die Gesundheit auswirken (Schwächung der »erdigen« Organe Magen und Pankreas und der Metallorgane (Darm- und Atemprobleme).

Nimm dir in dieser Woche Zeit zu prüfen, ob sich alle Elemente in deinem Leben in guter Balance befinden. Externe Fachleute können hier mit ihrem Fachwissen gut unterstützen. Zum Beispiel Finanzberatung für das Metallelement (gute Struktur), Tanz- oder Sport-Events für das Feuerelement (Freude), Entspannungs- und Kochkurse für das Erdeelement (Stabilität), Kunst - und Selbsterfahrungskurse für das Wasserelement (kreative Kraft),

Outdoor- und Abenteuererlebnisse für das Holzelement (Wachstum und Entwicklung). Dies sind nur einige Beispiele aus einer Vielzahl von Möglichkeiten und Methoden.

Coaching-Technik: Rad des Lebens

Das Rad des Lebens ermöglicht dir einen Überblick über verschiedene Teilbereiche deines Lebens.

Male drei gleich große Kreise auf ein Blatt Papier. In den ersten zeichne so viele tortenförmige Segmente ein, wie dir positive Bereiche deines Lebens einfallen. Berücksichtige bei den Segmenten ihre Größe – je mehr Zeit du für sie hast, desto größer sind sie. Alles, was schön in deinem Leben ist, ergibt zusammen die 100 Prozent ersten Kreises. Verfahre mit dem zweiten Kreis ebenso – nur bezeichnest du diesmal alle Bereiche in deinem Leben, die belastend sind. Es können auch Bereiche aus dem ersten Kreis genannt werden, die nicht nur eine »Licht-«, sondern auch eine »Schattenseite« haben.

Der dritte Kreis ist ein reiner Verhältniskreis mit genau zwei Segmenten. Auf einer Seite steht ein Minuszeichen, auf der anderen ein Pluszeichen. Wenn die positiven Dinge in deinem Leben hier unter oder nahe bei 50 Prozent liegen, dann ist es höchste Zeit, in deinem Leben etwas positiv zu verändern. Sieh dir in diesem Fall die negative »Torte« an und nimm dir ein einzelnes Segment davon vor, das du

am leichtesten positiv verändern kannst – allein oder mit kompetenter Hilfe. Wenn du es geschafft hast, nimmst du das nächste. So erzeugst du eine starke und nachhaltig wirksame positive Kraft und Veränderung in deinem Leben.

Körperübung: Visionärer Held (Ardha Chandrasana)

Der Halbmond fördert eine harmonische Beziehung zur Vergangenheit und einen freundlichen Abschied von alten Mustern und Lebensformen. Unsere Flexibilität und Aufrichtung wird gefördert und gefordert, die Balance geschult.

» Stelle ein Bein weit nach vorn und setze das andere nach hinten auf den Boden. Achte darauf, dass dein vorderes Knie sich genau über dem Knöchel befindet. Beuge dich dann so weit nach hinten, wie es dir schmerzlos möglich ist und nimm die Arme weit über den Kopf nach oben. Schaue zwischen deine Hände nach oben. Entspanne deine Zehen und atme tief sieben Atemzüge lang ein und aus. Wechsle dann die Seiten.

35. Welche Bedeutung hat Kreativität für mich?

Viele Menschen weisen der Kreativität in ihrem Leben keine besonders große Bedeutung zu. Es ist für sie etwas, das sie »als Kind« zuletzt ausgeübt haben. Doch es ist mittlerweile nicht nur in Fachkreisen bekannt, dass das freie Spiel der Möglichkeiten uns nicht nur als Kind, sondern auch als Erwachsener den idealen Raum bietet, um neue Lösungen für alte Probleme finden zu können. So wie wir selbst, so entwickeln sich auch unsere Ausdrucksmöglichkeiten und unsere Kommunikationsformen ständig weiter. Wie viel Zeit und Raum hat Kreativität in deinem Leben? Wie hat sie sich im Laufe der Zeit verändert und wie drückt sich das auch in deiner Form der Kommunikation aus?

Meditation: Kreativität

Nimm dir in dieser Woche bewusst Zeit und Raum für sinnfreie Kreativität. Male nicht etwas ab oder gestalte Dinge nach einer vorgegebenen Idee. Lasse die Kreativität in dieser Woche von deinem Innersten nach außen fließen und erzwinge nichts. Alte Programme wie »Ich bin einfach nicht kreativ!« können hartnäckig sein. Lass auch die Vorstellung los, wie diese Kreativität aussehen soll. Über neue Kanäle fließt oft neue innerliche Inspiration. Sei freundlich mit dir wie mit einem kleinen Kind und lass

dich überraschen, was geschieht und was entsteht.

Coaching-Technik: Freier Weg

Diese Methode unterstützt dabei, zu enge Grenzen in der Entwicklung zu sprengen. Sie ermöglicht uns neue Perspektiven und fördert die kreative Entfaltung unseres Potenzials.

Durchführung

- Stelle dir deine Zukunft als gerade Zeitlinie vor, die direkt vor dir beginnt und in deren Richtung du blickst.
- Wenn du das derzeit größte Problem in deinem Leben gelöst hättest, wie würdest du dich dann fühlen? Finde ein Wort dafür und schreibe es auf einen Zettel. Lege diesen Zettel einen Schritt entfernt von dir (in Richtung Zukunft) auf den Boden.
- Geh jetzt einen Schritt nach vorn und stelle dir mit jeder Faser deines Bewusstseins vor, dass dieses Problem bestens gelöst ist und hinter dir liegt. Spüre die Erleichterung auf allen Ebenen.
- Was ist jetzt möglich in deinem Leben? Schreib es in wenigen Worten auf und lege es wieder einen Schritt weiter in deine Zukunft.
- Stelle dir jetzt vor, wie es sein wird, wenn du auch das erreicht hast. Spüre es. Fühle, was es dir ermöglicht. Dann gehe wieder einen Schritt in diese Zukunft (wo dieses Gefühl möglich ist).

- Gehe auf diese Weise so viele Schritte in deine Zukunft, bis du einen Zustand erreichst, in dem du wunschlos glücklich bist. Finde ein Symbol für diesen Zustand, eine Farbe, einen Ton, einen Geschmack, eine Geste oder einen Duft, der dich für immer daran erinnert.
- Dreh dich nun um und sieh zurück auf den Weg, den du gegangen bist. Spüre, dass dir vieles davon jetzt realistischer erscheint. Vor großen Hindernissen kapituliert oft unser Denken – aber unser Fühlen und unsere Intuition nicht. Denn sie kennen verborgene Wege, die dem Verstand nicht zugänglich sind. Vertraue diesen Lotsen der Seele und lasse dich auf geheimen Pfaden sicher von ihnen zu deinem Glück führen.
- Immer, wenn dir in Zukunft etwas unmöglich erscheint, was du gern erreichen willst, kannst du dir solch eine leuchtende Spur in die Zukunft legen. Denn was wir uns gefühlsmäßig vorstellen können, rückt deutlich näher als das, was uns unerreichbar vorkommt.

Körperübung: Offene Vorbeuge

Diese Übung wirkt erdend und öffnend zugleich. Sie hält die Hüftgelenke und innere Haltung flexibel. Bei Problemen im unteren Rücken ist es wichtig, in dieser Position aufgerichtet zu bleiben. Beuge dich dann nur sehr sanft nach vorn.

» Strecke die Beine im Sitzen so weit wie möglich zu den Seiten aus – achte darauf, dass dein Rücken gerade bleibt und die Kniekehlen am Boden bleiben. Für viele ist das schon Herausforderung genug. Fällt es dir leicht, so beuge dich nun nach vorn – der Nacken bleibt lang und gerade, der Rücken ebenso. Mache keinen Rundrücken und lasse den Kopf nicht hängen. Atme ruhig und gleichmäßig und ziehe die Zehen zu dir heran. Halte die Position einige Minuten lang, spüre die Erde unter dir und die Öffnung vor dir und schließe dabei die Augen.

❖ Offene Vorbeuge

Sieben Schlüssel zur Klarheit

Die sieben Stufen der Klarheit ermöglichen es dir, dein Leben in einem größeren Zusammenhang zu sehen und deiner Vision näher zu kommen.

So kannst du deine äußeren Aufgaben immer mehr mit deiner inneren Führung in Einklang bringen und damit den Mut in dir stärken, deine Vision auch zu leben und in die Welt zu tragen. Die Übungen und Inhalte dieses Kapitels eröffnen dir einen weiten Blick über die Landschaften deines bisherigen und die Möglichkeiten deines zukünftigen Lebens. Der Punkt, von dem aus sich diese Perspektive ganz natürlich öffnet, ist die unmittelbare Gegenwart. Vielen Menschen fällt es schwer, die Vergangenheit loszulassen oder sich gedanklich nicht ständig mit der Zukunft zu beschäftigen. So verpassen wir aber »die Verabredung mit dem Leben«, die im »Hier und Jetzt« stattfindet, wie Thich Nhat Hanh, ein vietnamesischer Zen-Meister, es so treffend ausdrückt.

Standhaftigkeit, Klarheit und Intuition bilden die körperliche, mentale und emotionale Ausprägung dieser Kernkompetenz, die sich in sieben natürlichen Stufen entwickelt. Die Übungen im folgenden Kapitel fördern sie mit Zeiten der Stille und Einkehr, die es dir ermöglichen, neue Wege zu erforschen, deine Ressourcen zu aktivieren und deine Motivation zu erkennen. Sie bringen dich in Kontakt mit Weggefährten und schenken dir den Mut, aktiv zu werden, für deine Vision einzustehen, ihren Sinn zu erkennen und sie kraftvoll zu leben.

Als Kraftort für das Tor von Klarheit und Vision haben wir das Zisterzienserkloster Stift Zwettl aus dem 12. Jahrhundert gewählt. Es ist weltweit das drittälteste Kloster dieser Art und besteht durchgängig seit seiner Gründung im Jahr 1138. Bis heute ist es ein gastfreundlicher Ort der Stille und Einkehr. Du findest gute Orte für die Übungen in diesem Kapitel überall dort, wo dir Raum geboten wird, dich selbst, deine Möglichkeiten und deine Vision in Ruhe zu erforschen und zu entwickeln. Schöne Parklandschaften mit ansprechenden Ruheplätzen sind dazu ebenso geeignet wie Klöster, Stifte, Einsiedeleien, hohe Berge oder Landschaften mit Weitsicht.

In den Meditationen wirst du die ayurvedischen Konstitutionen und Dosha-Eigenschaften kennenlernen, die dir eine inspirierende Orientierung hinsichtlich deiner Fähigkeiten und ihrer optimalen Entwicklungsbedingungen ermöglichen.

Wenn du weißt, welches Umfeld, welche Aufgaben und welche Bedingungen gut zu deiner Begabung passen, kannst du deine Kraft und deine Fähigkeiten sinnvoll und mit Freude einsetzen. Zweifel, Frustration und Antriebslosigkeit finden in einem solchen Umfeld keinen Nährboden. Beziehungen und Arbeiten, die sich in Harmonie zu dem persönlichen Dosha befinden, werden nicht als Belastung, sondern als glücklich und inspirierend empfunden.

36. Wie schaffe ich Raum für visionäre Klarheit?

Um zu erfahren, in welchem Feld ich mich am besten entfalten kann, ist es wichtig, die eigene Konstitution zu kennen. Jede Konstitution hat ihre eigenen Fähigkeiten, Bedürfnisse, Herausforderungen und Rhythmen.

Die drei ayurvedischen Konstitutionen oder »Doshas« sind: »Vata«, »Pitta« und »Kapha«. Sie finden sich in allen Menschen von Geburt an in unterschiedlichen Anteilen. Die Zuordnung folgt über spezielle Körpermerkmale und persönliche Eigenschaften. Um gesund zu bleiben, ist es wichtig, jedem Dosha genügend Raum und Aufmerksamkeit zu schenken. Hat eines zu viel oder zu wenig Einfluss, so kann der Mensch aus dem Gleichgewicht geraten.

In den letzten Wochen hast du die Elemente und ihre Organsprache kennengelernt. In den nächsten sieben Wochen erfährst du, wie sie den Menschen und sein Befinden prägen.

Meditation: Dosha

Nimm dir in dieser Woche Zeit, den Elementen nachzuspüren, die dein Dosha bilden. Würdige die Elemente, die dein Dosha prägen, und sei achtsam mit denen, die nur wenig bei dir vertreten sind. Es kann sein, dass du diese ganz besonders pflegen solltest, um in einem gesunden Gleichgewicht zu bleiben. Die Fähigkeiten jedes Doshas liegen dort, wo wir am meisten »Punkte« haben – die Lernaufgaben unseres Doshas befinden sich in dem Bereich, wo wir nur wenige »Punkte« im Test erreicht haben.

Coaching-Technik: Zeit der Stille

Diese Methode wirkt klärend auf den Geist und reinigend auf den Körper. Sie schafft Raum für Wachstum und schenkt inneren Frieden.

Für diese Methode brauchst du einen ganzen Tag und eine ganze Nacht ungestört Zeit. Lege dein Handy für 24 Stunden ausgeschaltet außer Sichtweite. Lies keine Zeitung und kein Buch, höre kein Radio und sieh nicht fern, nutze keine Medien. Iss an diesem Tag nichts, aber trinke viel stilles Wasser oder warme Gemüsebrühe. Wenn du auf Essen nicht verzichten kannst oder darfst, dann beschränke dich auf leichte, vegetarische Mahlzeiten. Trinke keinen Kaffee, keinen Tee und keinen Alkohol. Sprich nicht, schreibe nicht und sei nicht kreativ tätig, aber gehe nach draußen in die Natur. Übe keinerlei Übungen oder Techniken. Setze dich, wenn du dich setzen willst, bleib stehen, wo es dir gefällt, und gehe, wenn du gehen willst. Mache keine Pläne für diesen Tag und erwarte auch keinerlei Ergebnisse. Du kannst diesen Tag jeden Monat wiederholen, so lange, bis du dich mit dir selbst ganz und gar wohlfühlst. Sei geduldig an diesem Tag mit dir und freundlich. Nur sehr wenige Menschen haben den Mut, sich selbst ohne jede Ablenkung zu begegnen. Wenn du es schaffst, dich nicht zu verurteilen, zu bewerten, zu bekämpfen, zu verlassen, zu täuschen, zu ignorieren oder dir selbst Angst zu machen, dann gibt es nichts, wovor du dich noch fürchten müsstest.

Körperübung: Hase (Sasangasana)

Die Hasenhaltung schützt und nährt das Herz und unsere weiche Seite. Sie hält die Wirbelsäule elastisch und wirkt entspannend auf die Nacken- und Schultermuskulatur.

>> Beuge dich aus dem hüftbreiten Stand langsam nach vorn, bis deine Schädel und dein Becken auf einer Höhe sind. Hebe die Hände weit über deinen Rücken nach oben, bis sie in Richtung Himmel zeigen. Verschränke dabei die Hände. Bleibe sieben Atemzüge lang in dieser Position. Du kannst sie auch im Kniestand ausführen, indem du dich nach vorne beugst. In diesem Fall berührt die Schädeldecke sanft den Boden.

⌃ Hase

Dosha-Test

Eine Orientierung, zu welchem Dosha du gehörst, ermöglicht dir der folgende sehr einfache Test. Du kannst auch zwei oder drei Antworten pro Frage ankreuzen, wenn mehreres zutrifft. Am Ende zählst du die Gesamtzahl zusammen und erhältst damit einen Hinweis auf die derzeitige Verteilung der drei Doshas in dir.

	Vata	Pitta	Kapha
Körperbau	☐ schlank, leicht, zartgliedrig, nimmt schlecht an Gewicht zu, oft sehr groß oder klein	☐ mittlere Statur, sportlich, muskulös, wohl proportioniert, mittelgroß	☐ kräftige, robuste Statur, nimmt leicht an Gewicht zu
Haut	☐ trocken, rau, kühl	☐ geschmeidig, warm, rosig bis rot	☐ weich, fettig
Haare	☐ trocken, spröde, dünn, lockig, gekraust	☐ blond, rot, braun, oft frühzeitig ergraut oder lichter werdend	☐ dick, dicht, dunkel, glänzend, eher fettig
Augen	☐ eher klein, wacher, schneller Blick	☐ mittelgroß, intensiver Blick	☐ eher groß, sanfter Blick
Nägel	☐ schmal, oft brüchig	☐ oval, elastisch	☐ breit, groß
Abneigung gegen folgendes Wetter	☐ kalt, windig	☐ heiß, schwül	☐ kalt, feucht
Geist	☐ klar und wach, kreativ, oft chaotisch, schnell	☐ scharfer Verstand, kritisch, klar und strukturiert	☐ ruhig, bedächtig, geduldig, langsam
Schlaf	☐ leicht, oft unterbrochen	☐ kurzer, aber tiefer Schlaf	☐ langer und tiefer Schlaf

	Vata	Pitta	Kapha
Gedächtnis	☐ vergisst leicht	☐ allgemein gutes Gedächtnis	☐ sehr gutes Langzeitgedächtnis
Sprache	☐ sehr gesprächig, schnell, redegewandt	☐ klar, überzeugungsstark, guter Redner	☐ angenehme tiefe Stimme, spricht eher wenig
Verhalten bei Stress	☐ ängstlich, schnell nervös oder erschöpft	☐ impulsiv, aggressiv, ärgerlich	☐ ruhig, abwartend
Bewegungen und Sport	☐ schnell und ausdauernd, liebt schöne, anmutige, anspruchsvolle Bewegungen; Tai-Chi, Kampfsport, Ballett, Tanz, Yoga, Laufen	☐ exakt, bestimmt; liebt Leistungssport und Teamwork, mag Schnelligkeit und Koordination; Skaten, Klettern, Bergsport, Segeln, Tennis, Skilauf	☐ langsam, ruhig, mag keine leistungsorientierte Bewegung; bevorzugt Wandern, Kanutouren, Schwimmen, Radfahren
Hungerempfinden	☐ regelmäßig bis unregelmäßig, sehr unterschiedlich	☐ groß, benötigt regelmäßig Nahrung	☐ kann gut eine Mahlzeit überspringen
Naturell	☐ flexibel, spielerisch, künstlerisch, kreativ, forschend	☐ sportlich, initiativ, führungsstark	☐ friedvoll, ausgeglichen, ausdauernd
Eigenart	☐ kann sich schlecht entscheiden bei zu vielen Optionen; liebt im Urlaub neue Eindrücke durch schöne Landschaften, durch kreative Betätigung oder Inspiration	☐ ausgezeichnete Beobachtungsgabe, sehr direkt; bewegt sich gern im Urlaub, entdeckt gern neue Kulturen und Sportarten, Abenteuer bevorzugt	☐ Gewohnheitsmensch, gemütlich, fährt gern jedes Jahr an dieselben Orte in Urlaub und trifft dort gern dieselben Menschen bei bekanntem Essen
Verhalten	☐ begeisterungsfähig, lebendig; kann Langeweile/Langweiler schlecht ertragen	☐ humorvoll, mutig, dynamisch; liebt Klarheit, hasst Chaos	☐ bodenständig, systematisch, treu, kinderlieb, »Familienmensch«
Sinne	☐ feines Tastempfinden und akustische Wahrnehmung	☐ ausgeprägter optischer Wahrnehmungssinn	☐ ausgeprägter Geschmacks- und Geruchssinn
SUMME	Vata...........................	Pitta...........................	Kapha.....................

Jetzt kennst du dein Dosha. »Vata« ist der Luft und dem Äther zugeordnet, »Pitta« dem Feuer und Wasser und Kapha der Erde und dem Wasser.

37. Wie verbinde ich Alltag und Vision?

Manchmal gibt es sehr viele Informationen und Herausforderungen, die gleichzeitig unsere Aufmerksamkeit fordern. Um tragfähige Perspektiven entwickeln und gute Entscheidungen treffen zu können, sind drei Faktoren von großer Bedeutung. Diese Faktoren finden wir in den ayurvedischen Doshas wieder:

- die feinfühlige Wahrnehmung von Informationen: »VATA«
- Informationen klar zu strukturieren und ihnen eine Richtung zu geben: »PITTA«
- diese Strukturen in einen verlässlichen, praktischen Rahmen einzufügen: »KAPHA«

Jedes Dosha hat seinen Raum und den richtigen Zeitpunkt, in dem es sinnvoll wirken kann. Es gibt Zeiten, in denen die Suche nach Inspiration und Informationen wichtig ist, Zeiten, in denen mutig Entscheidungen getroffen werden müssen und Zeiten, in denen verlässliche Routinearbeit geleistet werden muss. Alle drei sollten gleichberechtigt und wertschätzend zusammenarbeiten, damit sinnvolle, tragfähige Strukturen geschaffen werden können. In den nächsten drei Wochen wirst du die Doshas genauer kennenlernen, die in jedem von uns zu unterschiedlichen Anteilen wirken.

Meditation: Vata-Dosha (Luft und Äther)

Dieses Dosha regiert über Energie und Information, die über die Luft und den noch feineren Äther sekundenschnell weitergegeben und verbreitet werden können. Menschen, die durch dieses Dosha geprägt sind, zeichnen sich durch große Feinfühligkeit aus. Sie können vielschichtige Information besonders gut aufnehmen und blitzschnell intuitiv auswerten. In Balance bereichern diese Menschen jedes Umfeld mit ihrem Charme, ihren originellen, innovativen Ideen und ihrem Sinn für Schönheit. Sie sind vielseitig begabt, offen und freundlich. Da sie am schnellsten von allen Doshas auf ungünstige Bedingungen reagieren, leiden sie bei Stress häufig unter nervösen Leiden, Magen- und Darmproblemen, Schlafstörungen und Konzentrationsschwierigkeiten. Sie sind dann oft zerstreut, vergesslich und chaotisch – vor allem, wenn sie von den Informationen überfordert sind, die ständig auf sie einströmen. Für dieses Dosha sind Rhythmus und Balance im Leben von größter Bedeutung. Bei guten Bedingungen erholt sich dieses Dosha aber auch am schnellsten von allen drei Konstitutionen. Für alle Menschen gilt es, vor wichtigen Entscheidungen oder vor einer Visionssuche diesem Dosha genügend Raum zu geben. Dafür ist es erforderlich, in einer offenen, empfänglichen Geisteshaltung dem »nachzuspüren«, was von Bedeutung

🔺 Katze

Körperübung: Katze (Utthita Cakravakasana)

für das Thema sein könnte, mit dem man sich gerade intensiv beschäftigt. Es geht jetzt nur um den freien Fluss und die intuitive Wahrnehmung von Information. Auf diese Weise können sich überraschende, neue Perspektiven ergeben. Nimm dir in dieser Woche Zeit, deine Vision von allen Seiten zu betrachten. Entscheide nichts, übereile nichts, lass dir einfach Zeit und schenke ihr deine ruhige Aufmerksamkeit. Auch und gerade dann, wenn du einem anderen Dosha angehörst. Bleibe entspannt und betrachte ohne jede Wertung, was geschieht, wenn du Information frei fließen lässt.

Diese Übung schult das Gleichgewicht und stärkt den Rücken. Sie unterstützt uns dabei, anmutig dem Fluss von Atem und Koordination zu folgen und dabei innere wie äußere Flexibilität zu fördern.

» Komme in den Vierfüßlerstand und strecke dein rechtes Bein in Hüfthöhe nach hinten. Beide Hüften bleiben dabei parallel zum Boden. Strecke dann den linken Arm weit nach vorn. Atme tief ein. Bringe mit dem Ausatmen Knie und

Ellbogen unter dem Bauch zusammen. Strecke dich dann wieder mit dem Einatmen in deine maximale Länge. Wechsle die Seiten nach sieben Atemzügen.

Coaching-Technik: Krafttier

Diese Technik aktiviert die unbewussten Lösungskompetenzen in dir, die deinem Alltagsbewusstsein nicht immer zugänglich sind.

» Nimm dir zehn Minuten ungestörte Zeit. Entspanne dich im Liegen oder Sitzen und schließe die Augen. Bitte darum, dass sich dir ein Tier zeigt, welches Lösungen und Perspektiven für deine Visionen und Themen kennt. Warte dann geduldig. Achte darauf, in welcher Umgebung dir dieses Tier erscheint und wie es sich in seiner Überlebens- oder Kampftechnik, seinem Familien- und Partnerverhalten, seiner Entspannung und seinen kommunikativen Strategien verhält. Dies kann wichtige unbewusste Hinweise enthalten, wie du dich in einem bestimmten Bereich klugerweise verhalten könntest.

Wenn du diese Übung vertiefen willst, kannst du das Krafttier auch zeichnen oder ein Märchen über deine Begegnung mit ihm schreiben. Die künstlerische Beschäftigung mit dem Krafttier kann auf diese Weise einen tiefen inneren Entwicklungsprozess auf der unterbewussten Ebene anregen. Du kannst dein Erlebnis mit dem Krafttier auch modellieren, musikalisch oder tänzerisch ausdrücken – ganz für dich allein oder auch für andere.

38. Welchen Mut brauche ich, um meine Vision zu leben?

Du bist in den letzten Wochen der Vision dessen nähergekommen, was dir persönlich im Leben wirklich wichtig ist. In diesem kreativen Spielraum konnte sich Inspiration mit ihren vielen Perspektiven und Möglichkeiten entfalten. Jetzt ist der Zeitpunkt gekommen, um die Ergebnisse dieser kreativen Phase zu ordnen und klar zu strukturieren. Zum Beispiel, um einen sinnvollen Zeit- und Ablaufplan zu erstellen, nötige Ressourcen für deine Vision zu aktivieren und Unwichtiges von Wichtigem zu trennen. Diese Fähigkeiten erfordern Mut, inneres Feuer und Freude an strategischer Arbeit. Um deine Vision kraftvoll leben zu können, ist es wichtig, dass du dich weder durch inneres Zurückschrecken noch durch äußere Aggressivität oder Rechtfertigung schwächst. Indem du selbst ruhige Sicherheit ausstrahlst, kannst du deinem Umfeld am besten vermitteln, dass die anstehenden Veränderungen die Sicherheit im gesamten System nicht gefährden.

Bleibe klar und ruhig und schöpfe Kraft und Zuversicht aus deiner Vision. Wenn diese von dir richtig und gut gewählt ist, gewährt sie dir und anderen Schutz.

Niemand kann dich dann provozieren, entmutigen oder vom Weg abbringen. Wenn es doch geschieht, ist das ein sicherer Hinweis dafür, dass deine Vision noch nicht ganz ausgereift oder unvollständig ist. Es könnte auch sein, dass deine innere Befindlichkeit und Gesundheit gestärkt werden muss, bevor du auf deinem Weg weitergehst. Führe in diesem Fall die passenden Übungen der ersten drei Tore erneut aus. Prüfe, welche Fähigkeiten dich wieder zurück in deine Mitte bringen und baue deine Kraft systematisch auf. Dieses Vorgehen erlaubt dir den Erhalt deiner vitalen Kraft und Gesundheit. Es ist eine Investition, die sich immer lohnt und dir letztlich viel Zeit erspart. Sie bewahrt dich vor Unannehmlichkeiten wie massiven äußeren Widerständen, innerem Unbehagen, tiefer Erschöpfung oder Krankheit.

Eine Vision zu leben ist damit vergleichbar, ein Schiff zu betreten, das dich in eine »neue Welt« bringt. Es ist wichtig, dieses Schiff bei passender Witterung, in guter Verfassung, mit bester Ausrüstung, einem klaren Ziel, ausreichend Ressourcen und mit einer zuverlässigen Mannschaft zu betreten. Je größer deine Vision ist und je mehr Menschen daran beteiligt sind, desto umfangreicher müssen diese Vorbereitungen sein. Als Kapitän dieses Schiffes trägst du dafür die Verantwortung.

Meditation: Pitta-Dosha (Feuer)

Dieses Dosha ist der Ursprung unseres inneren Feuers, unserer Motivation und unserer weisen Entschlusskraft. Seine Ergänzung und seinen Gegenpol findet es im flexiblen Wasserelement. Menschen, die von diesem Dosha geprägt sind und deren Wasser- und Feuerelement sich im Gleichgewicht befinden, zeichnen sich durch Mut und Klarheit aus. Sie sind kraftvolle Pioniere und loyale Führungsnaturen, die gerne neue Strukturen und Strategien entwickeln und vorgeben. Sie haben keine Angst vor Konfrontation und lieben die Herausforderung auf allen Ebenen. Es ist ihre besondere Fähigkeit, durch gutes Unterscheidungsvermögen Wichtiges von Unwichtigem trennen und eine klare Richtung vorgeben zu können. Geraten sie aber durch zu viel Druck oder öde Routine aus dem Gleichgewicht, so können sie wie ein Vulkan oder Geysir ausbrechen (Feuer und Wasser) und reizbar, ungerecht und despotisch reagieren. Sie sind dann auch anfällig für Herz-Kreislauf-Erkrankungen, Burn-out, Magen-, Darm- und Hautprobleme.

Da sie chronischen Stress etwas länger ertragen als »Vata«-Menschen, merken sie es oft nicht rechtzeitig, wenn sie aus dem Gleichgewicht geraten. Ihre Umgebung nimmt diesen Zustand schneller wahr, da die Reizbarkeit des überforderten Pitta-Menschen dann deutlich zunimmt. Der Genesungsprozess nach einer stressbedingten Erkrankung dauert etwas länger als bei »Vata«-Menschen.

Für alle Menschen gilt es, dieses Dosha zu pflegen, wenn sie sich ihr inneres Licht, ihre Lebensfreude und ihre Wärme erhalten wollen. Diese Kraft aktiviert die klare Struktur und beschützende Kraft, die nötig ist, um den eigenen Lebensweg finden und ihm mutig folgen zu können.

Pflege in dieser Woche klug den »Pitta«-Anteil in dir, indem du deinen Umgang mit Strukturen, Ordnung, Handeln und Entscheidung ganz bewusst wahrnimmst. Fallen dir Entscheidungen leicht oder weichst du ihnen lieber aus? Bist du pünktlich und hältst du zuverlässig Abmachungen ein? Kannst du deine Grenzen und Bedürfnisse freundlich, aber klar vermitteln? Machst du häufig Schulden oder hast du einen guten Überblick über deine Finanzen? Fällt es dir leicht oder schwer, Position zu beziehen und diese beizubehalten, auch wenn es zu Konfrontation führt? Kannst du Disharmonie ertragen? Bringen Schwierigkeiten das Beste in dir zum Vorschein, wirst du eher aggressiv oder ziehst du dich zurück?

Räume in dieser Woche deinen Schreibtisch und dein Arbeitszimmer auf. Schaffe sichtbare Ordnung und klare, erkennbare Strukturen und Rahmenbedingungen für die Etappen und Ziele deiner Vision. Übe dich in Pünktlichkeit und Disziplin und auch darin, herauszufinden, was dir an deiner Vision wirklich wichtig ist und was nicht. Erstelle dazu eine Liste. Lasse dann mutig die unwichtigeren Punkte los oder delegiere sie an andere. Verzettle dich nicht mit mehreren Dingen gleichzeitig, sondern erstelle eine Hierarchie der Dringlichkeit und widme deine ungeteilte Aufmerksamkeit dem jeweils wichtigsten Thema.

Eine Vision zu formulieren und anderen zu präsentieren, erfordert Mut und Standvermögen, da Veränderungen von der Außenwelt oft nicht positiv aufgenommen werden. Im Unterschied zur gewohnten Routine erzeugen Veränderungen zunächst Instabilität und dadurch oft instinktive Abwehr – von den meisten Menschen wird daher Sicherheit angestrebt und Instabilität vermieden.

Je älter Menschen werden, desto weniger wagemutiges »Holzelement« lebt in ihnen, das in der Kindheit und Jugend seine »Blütezeit« hat.

Für die eigene innere Balance sollte dieses Element als Erwachsener und im Alter daher bewusst gepflegt werden, um innerer Starrheit und äußerer Stagnation vorzubeugen. Bedenke also, welchen Menschen du deine Vision nahebringst und mit welchen Elementen du es dabei zu tun hast. Kluges Vorgehen und das Verständnis dieser Hintergründe erleichtert dir vieles bei der Umsetzung deiner Vorhaben. Es erlaubt dir, dich vor unterschiedlichem Publikum und Altersgruppen sicher verständlich zu machen. Junge Menschen haben meist noch wenig Angst vor Veränderung, vor erwachsenem und ganz besonders vor älterem Publikum ist es wichtig, das Vorgehenstempo sehr moderat zu halten, die positiven Auswirkungen der Veränderung genau zu beschreiben und die Angst vor unbekannten Faktoren immer wieder geduldig und sachlich zu mildern.

Bleibe gelassen, wenn du nicht allen und allem gleichzeitig gerecht werden kannst. Das ist unmöglich. Bleibe präsent, zielgerichtet und freundlich. Wenn du weißt, was dir wichtig ist, kannst du es dir erlauben, ruhig und besonnen auf jeden Angriff zu reagieren. Folge deinem Wasserelement, das sanft, aber bestimmt seinen Weg selbst durch den härtesten Stein findet. Auf diesem Weg wird es gereinigt und mit wichtigen Spurenelementen angereichert. Auch in der größten Dunkelheit und unter stärkster Belastung verliert Wasser niemals seine Richtung und sein Ziel, dem es zustrebt. Folge auf dem Weg zu deiner Vision dieser unbeugsamen Sanftmut des Wassers und dem inneren Feuer, das dich und andere wärmt und sicher beschützt.

Coaching-Technik: Richtungswechsel

Diese Methode fördert Wertschätzung und eine positive Grundhaltung. Das ist nicht nur für deine eigene Entwicklung wichtig, sondern auch der beste Schutz vor Angriffen anderer Menschen. Wenn du dich selbst sabotierst, indem du unfreundlich oder ungeduldig mit dir oder anderen umgehst, lädst du in deinem

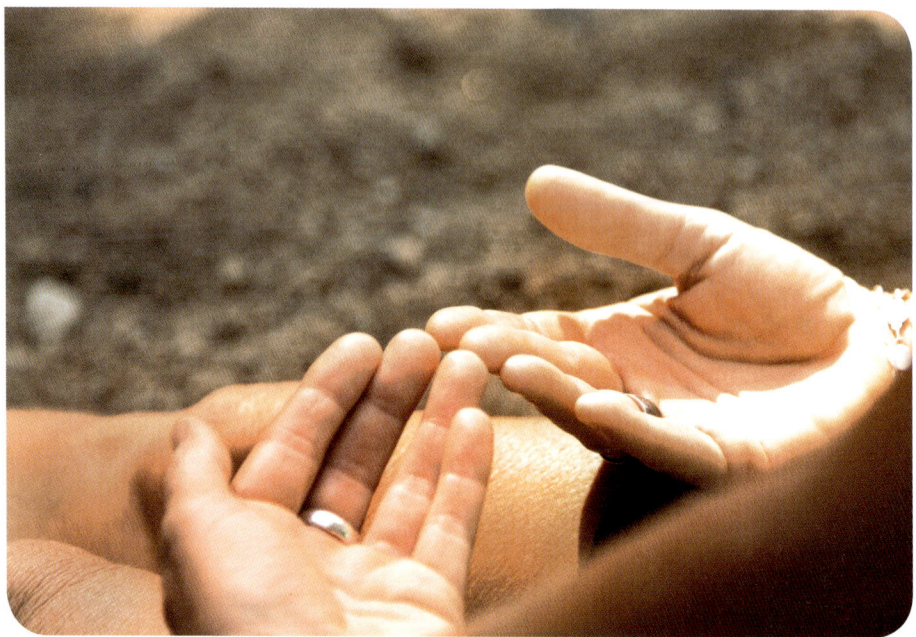

Unterbewusstsein andere Menschen dazu ein, dasselbe mit dir zu tun.

» Nimm dir in dieser Woche jeden Tag 10 bis 15 Minuten lang Zeit, um deine Gedanken zu beobachten. Es geht darum, dir selbst sehr aufmerksam zuzuhören, was du über dich selbst, deine Beziehungen, deine Arbeit, dein kreatives Tun, deine Vision und den Sinn des Lebens denkst. Suche dazu einen ruhigen Spazierweg in der Natur auf. Gehe normal vorwärts, wenn du positiv und lösungsorientiert denkst. Bleibe stehen, wenn du nicht eindeutig negativ oder positiv denkst. Gehe rückwärts, sobald du merkst, dass du von dir selbst oder von anderen unfreundlich denkst. Dies ist eine harte, aber erhellende Übung. Paare können dies bei gemeinsamen Spaziergängen ausprobieren. In diesem Fall kann der Partner die Rolle des »aktiven Zuhörers« übernehmen, der nicht spricht, aber vorwärts oder rückwärts geht oder einfach stehenbleibt, je nachdem, wie er die Rede des anderen wahrnimmt. Es ist hier nicht entscheidend, was der Redner »gemeint« hat, sondern was beim Zuhörer »ankommt«!

Körperübung: Dreieck (Trikonasana)

Diese Übung fördert Hingabe, Durchhaltevermögen und Selbstwert. Der sichere Halt der Erde hilft uns, über uns selbst hinauszuwachsen und zum Leuchtfeuer für neue Impulse und Entwicklungen zu werden.

》 Stelle die Beine in einer Beinlänge Abstand voneinander auf. Beuge das linke Bein und drehe den linken Fuß nach vorn. Lege den linken Unterarm auf dem Oberschenkel ab und bringe den rechten Arm in eine Linie mit dem Rumpf und dem rechten Bein. Der Blick geht nach vorn oder nach oben. Die Hände befinden sich im Chin Mudra. Lege dafür Daumen und Zeigefinger jeder Hand aneinander. Spüre die Dehnung in deiner rechten Körperseite und atme tief und gleichmäßig mehrere Atemzüge lang. Wechsle dann die Seiten.

❖ Dreieck

39. Was ist das Herz meiner Vision?

Dein »Vata«-Element hat dich dabei unterstützt, Perspektiven und Inspiration zu deiner Vision zu entwickeln. Der »Pitta«-Anteil in dir hat diese Informationen für dich klar strukturiert und strategisch aufbereitet. Nun geht es darum, den »Kapha«-Anteil in dir zu aktivieren, um diesen guten Anfang zu einem lohnenden Ergebnis zu führen. Dafür brauchst du eine innere Haltung, die zutiefst überzeugt ist von dem Sinn, der Richtung und dem Wert der eigenen Arbeit. So kannst du auch langwierige und anstrengende Phasen deiner Visionsarbeit gut bewältigen, die Ausdauer und Durchhaltevermögen erfordern. Es ist die geduldige, stetige Kraft der Erde und des Wassers, das hier wirkt.

Meditation: Kapha-Dosha (Wasser und Erde)

Dieses Dosha steht für solides Wachstum, gesunde Entwicklung und inneren Frieden. Das Bild von »Kapha« ist die Ernte, die durch Geduld und Hingabe eingebracht wird. Menschen, die durch das »Kapha«-Dosha geprägt sind, zeichnen sich durch Kontinuität, Disziplin und Loyalität aus. Sie können mit Schwierigkeiten gelassen umgehen und bleiben dabei ihrem Weg, ihren Partnern und ihren Überzeugungen stets treu. Es dauert sehr lange, bis sie aus dem Gleichgewicht oder in echten Zorn geraten. Geschieht das aber, so brauchen sie am längsten von allen drei Konstitutionen, um sich davon zu erholen.

Unter ständigen Orts-, Rollen- und Aufgabenwechseln leidet dieses Dosha besonders stark. Gewichtsprobleme, Gelenkverschleiß, Rücken- und Atemprobleme und frühzeitige Demenz können ein »Kapha«-Ungleichgewicht ausdrücken. Um unsere Vision Wirklichkeit werden zu lassen, brauchen wir die Ausdauer, Hingabe und Loyalität von »Kapha«. Es ist das solide, zuverlässige Fahrzeug, das von »Pitta« zielsicher gelenkt und von Vata als »Beifahrer« zu lohnenden Ausflügen inspiriert wird.

Achte in dieser Woche darauf, wie du mit deinem normalen Alltag und deiner täglichen Routine umgehst. Wie geduldig bist du? Mit dir und anderen? Sei dir bewusst, dass diese stille Kraft mächtige Auswirkungen auf allen Ebenen hat. Übe in dieser Woche die liebevolle Kraft geduldiger Hingabe. Lege Wäsche langsam und achtsam zusammen. Jäte geduldig Unkraut im Garten. Höre aufmerksam zu und nimm dir Zeit für stille Pausen im Gespräch. Sei in allen kleinen, nur »scheinbar« unwichtigen Dingen sehr aufmerksam. Pflege deine Vision wie ein guter, geduldiger Gärtner.

⬦ Schmelzendes Herz

Körperübung: Schmelzendes Herz (Anahatasana)

Diese Übung schult das Gleichgewicht und stärkt den Rücken. Sie lehrt uns, auf unser Herz zu hören, damit die Freude und Wärme in unserem Leben erhalten bleiben. Atme sieben Atemzüge lang in dieser Position.

❯❯ Komme in den Vierfüßlerstand und achte darauf, dass die Oberschenkel im rechten Winkel zum Boden bleiben. Strecke deine Arme nach vorn und lege die Hände auf den Boden. Lass dein Herz nun Richtung Boden »schmelzen«. Atme sieben Atemzüge ruhig ein und aus.

Atemtechnik: Löwenatmung

Diese Atemtechnik reinigt den Hals- und Rachenbereich, stärkt Stimme, Stimmbänder und die Lunge. Das Selbstbewusstsein und gesunde Grenzen werden gestärkt.

❯❯ Sitze oder stehe sicher und aufrecht. Atme dann tief und entspannt ein und strecke beim geräuschvollen, »fauchenden« Ausatmen die Zunge schnell und kraftvoll so weit wie möglich aus dem Mund. Reiße dabei die Augen weit auf und bringe dein Gesicht nach vorn. Atme dann wieder völlig entspannt ein und wiederhole diese Übung einige Male.

40. Wie vermittle ich meine Vision?

Du hast jetzt ein sicheres Fundament für deine Vision gelegt. Inspiration (Vata), strategische Umsetzung (Pitta) und praktische Durchführung (Kapha) haben dich von einer Idee zu einem realistischen Projekt geführt. Der »Körper« deiner Vision ist jetzt vollständig. In den folgenden drei Wochen geht es um die verfeinerten Aspekte dieses »Körpers«. Diese betreffen die Wirkung deiner Vision in der Welt: Was ist der Geist deiner Vision oder ihr »Prana«? Was ihr zündender Funke oder »Tejas«? Und was ihre Energie oder »Ojas«? Die Kenntnis über die Wirkung deiner Vision in der Welt fördert den verantwortungsvollen Umgang mit der Macht kreativer Gestaltung.

Meditation: Prana

Prana ist verfeinertes »Vata« und bezeichnet die pure Lebensenergie. Die subtile Kraft der Luft ist die Grundlage von allen körperlichen und geistigen Funktionen und bildet die Voraussetzung für Inspiration und die Entwicklung höherer Bewusstseinszustände. »Prana« bezeichnet die »Ausstrahlung« eines Menschen oder Projekts. Der gesunde Ausdruck von Prana ist Kreativität und Inspiration. Projekte ohne »Prana« wirken leblos und kalt.

Pflege das Prana deiner Vision in dieser Woche durch Meditation und Stille. Das Ohr und deine innere Stimme sind direkt mit Prana verbunden. Nimm dir Zeit, dem nachzuspüren, was durch deine Vision geistig in die Welt kommt. Was ist ihr kreativer, künstlerischer Ausdruck? Welche Auswirkungen hat dies auf das Bewusstsein und die Entwicklung der beteiligten Menschen? Versuche, dir dies so konkret wie möglich vorzustellen, und prüfe, ob es mit deinen ethischen Grundprinzipien übereinstimmt.

Coaching-Technik: Zeitreise

» Diese Methode unterstützt dich dabei, eine Verbindung zwischen deiner Vision und der Welt zu schaffen. Stelle dich in eine Ausgangsposition und blicke von da aus in einer gedachten Linie in Richtung Zukunft. Deine Vision bildet den sicheren Kompass. Nimm wahr, ob und wie in deiner aktuellen Situation die Idee deiner Vision die Welt erreicht. Wenn das noch nicht optimal ist, dann überlege dir eine Ressource, die dir helfen könnte, deine Vision der Welt näherzubringen. Könntest du einen Artikel schreiben, ein Buch, einen Vortrag halten, Flyer verteilen, Mithelfer gewinnen? Was passt zu dir und deiner Vision? Entscheide dich für eine Möglichkeit und gehe dann einen Schritt weiter in die Zukunft.

Nimm erneut wahr, ob und wie sich die Situation jetzt verändert hat. Wenn es dir nicht gefällt, dann gehe wieder einen Schritt zurück und wähle etwas anderes. Du kannst auch mehrere Schritte in die

Zukunft gehen und dabei jedes Mal eine andere Ressource überprüfen. Wenn du zufrieden bist, dann setze diese Impulse später Schritt für Schritt in der Realität um.

Körperübung: Twist (Parsva Uttanasana)

Diese Haltung fördert deine innere wie äußere Flexibilität. Sie lehrt weise Geduld und die sichere Balance zwischen unseren intuitiven und strategischen Fähigkeiten. Kopf, Herz und Bauch befinden sich in dieser Position auf einer Ebene. Diese Haltung fördert ihre harmonische Kooperation.

⬆ Twist

》 Bringe deine Füße in einen hüftbreiten Stand – etwas anspruchsvoller wird die Haltung, wenn du die Füße enger zusammenstellst. Beuge dich dann mit möglichst geradem Rücken nach vorn und zur rechten Seite, bis dein linker Ellbogen das rechte Knie berührt und dein rechter Ellbogen gerade zur Decke zeigt. Du kannst die Handflächen vor der Brust zusammenlegen. Die Ellbogen bilden dabei eine vertikale Linie. Wenn dir das schwer fällt, dann kannst du dich auch mit der linken Hand am rechten Knie festhalten und den rechten Arm Richtung Decke strecken. Halte die Position sieben Atemzüge lang und wechsle dann die Seiten.

⬆ Stehende Vorbeuge

41. Was bringe ich mit meiner Vision in die Welt?

Spüre in dieser Woche der Essenz deiner Vision nach.

Meditation: Tejas

»Tejas« ist verfeinertes »Pitta«, die subtile Energie des Feuers. Sie ist eng verbunden mit den Augen und unserer inneren Gedanken- und Bilderwelt, mit strategischer Kompetenz, guter Struktur und mutigem Pioniergeist. Projekte ohne »Tejas« wirken chaotisch und unausgereift.

Pflege Tejas, indem du unnötigen Medienkonsum und überflüssiges Sprechen vermeidest. Übe »Tratak«, indem du regelmäßig einige Minuten lang, ohne zu blinzeln, in ein Feuer oder eine Kerzenflamme blickst.

Körperübung: Stehende Vorbeuge (Urdhva prasarita Eka Padasana)

Diese Übung fördert die kraftvolle Basis einer klaren Ausrichtung und unterstützt dabei, geerdet zu bleiben.

》 Beuge dich aus dem Stand nach vorn und setze deine Hände oder Fingerspitzen vor dir sicher auf dem Boden auf. Strecke gleichzeitig dein rechtes Bein Richtung Himmel. Bein und Rumpf bilden dabei eine Linie. Halte das Standbein nach Möglichkeit gestreckt. Atme tief und gleichmäßig und halte die Position sieben Atemzüge lang. Wechsle dann die Beinhaltung.

Ritual-Technik: Sigill

Diese uralte Ritualarbeit benutzt die Magie der Sprache, um ein Symbol der Wirksamkeit unserer Vision zu erschaffen. Ein Sigill bringt die Essenz unseres Anliegens in grafischer Form zum Ausdruck. Die Herstellung dieses Symbols erzeugt eine heilsame Trance, die über das Unterbewusstsein wirksam wird. Das Sigill wurde im Rahmen unserer Yogalehrer-Ausbildung gestaltet. Es hat die Bedeutung »Zufriedenheit«.

» Finde ein Wort oder ein kurzes Wortgefüge, das möglichst umfassend die Essenz deiner Vision ausdrückt. Streiche dann alle doppelten Buchstaben und gestalte aus den verbleibenden ein grafisches Symbol, das dir gut gefällt. Du kannst mit den Größen, der Anordnung und Ausrichtung der Buchstaben frei spielen, es kann farbig oder schwarz-weiß, auf rundem oder eckigem Papier sein. Du kannst den Hintergrund und auch die Buchstaben selbst farbig gestalten. Wenn es fertig ist,

dann lass es los, indem du es verbrennst. Symbolisch gesehen übergibst du es damit einer höheren Macht. Vertraue darauf, dass deine Vision Wirklichkeit werden und sich wie ein Phönix aus der Asche erheben wird, wenn es Zeit dafür ist und dem Ganzen sinnvoll dient. Als Mensch hast du alles getan und vorbereitet, was dir möglich war. Die Erfüllung einer Vision hängt aber nicht von dir allein ab. Viele Bedingungen müssen zusammenkommen, damit sie Wirklichkeit werden kann.

⌂ Kuhmaul

42. Welchen Sinn hat diese Vision?

Jetzt geht es um die sanfte Beharrlichkeit und das innere Standvermögen, deiner Vision einen angemessenen Platz in deinem Leben einzuräumen. Worauf bist du bereit zu verzichten, um dieser Vision Raum zu schaffen? Eine Vision zu leben bedeutet Veränderung. Sonst bleibt alles so, wie es ist. Welche Veränderungen kannst du akzeptieren? Wie gestalten diese dein Umfeld und dein soziales Netzwerk?

Körperübung: Kuhmaul (Gomukhasana)

Diese Haltung harmonisiert die korrespondierenden Energien von rechter und linker Körperhälfte (männlich/weiblich), Vorder- und Rückseite (Zukunft/Vergangenheit) und oben und unten (Inspiration/Erdung). Diese Haltung bringt alle Aspekte deines Bewusstseins und Unterbewusstseins in Einklang.

》Bringe den linken Unterschenkel an die rechte Gesäßhälfte, den rechten Unterschenkel in Richtung der linken Gesäßhälfte. Das rechte Knie liegt über dem linken. Hebe den rechten Arm über den Kopf und strecke die Finger nach hinten und unten aus. Lege den linken Arm auf den Rücken und versuche, die Finger der oberen Hand zu greifen. Nutze wenn notwendig einen Gurt oder ein Tuch. Halte die Position einige Minuten oder Atemzüge lang und wechsle dann die Seiten.

Meditation: Ojas

Ojas ist verfeinertes »Kapha«, die subtile Kraft von Erde und Wasser. Es ist unsere vitale Energiereserve, die Essenz von Nahrung, die Voraussetzung für Kraft und Durchhaltevermögen. Es bildet den Nährboden für gesundes Wachstum, Frieden, Geduld und Vertrauen. Projekte mit wenig »Ojas« geraten oft in Vergessenheit oder erhalten keine Mittel. Pflege in dieser Woche bewusst die Energiereserven deiner Vision, indem du deine Ressourcen aktivierst. Lasse Veränderungen und Verbesserungen von anderen zu, aber bleibe deiner Vision im Kern treu. Stelle sicher, dass die vorhandenen Ressourcen sinnvoll genutzt und gegebenenfalls zusätzliche aktiviert werden.

Atemtechnik: Mantra Om Tryambakam

Dieses Mantra für Transformation und Neubeginn wird seit Tausenden von Jahren von unzähligen Gläubigen weltweit rezitiert. Es ist »überkonfessionell« und richtet sich an keine besondere Religion oder Gottheit, sondern direkt an das spirituelle Bewusstsein. Du kannst es sprechen, ihm lauschen oder es abschreiben. Es ist eines der kraftvollsten Mantras dieser Welt und schenkt Trost und Kraft.

Om Tryambakam

Om Tryambakam Yajāmahe
Wir verehren die höchste kosmische Wirklichkeit,

Sugandhim Pushtivardhanam
die überallhin ausstrahlt und das Wohlergehen aller Wesen bewirkt.

Urvārukamiva Bandhanān
Möge diese höchste Wirklichkeit uns innerlich reifen lassen,

Mrityor Mukshīya Māamritāt
sodass wir die höchste Erkenntnis und Unsterblichkeit erfahren.

Sieben Schlüssel zur Weisheit

Die sieben Stufen der Weisheit folgen den sieben Kernkompetenzen des Menschen: Vertrauen, Freude, Kraft, Liebe, Kreativität, Klarheit und Weisheit.

Sieben Stufen der Weisheit bilden auch den roten Faden dieses Buches: Vertrauen, Freude, Kraft, Liebe, Kreativität, Klarheit und Weisheit. Jede Stufe hat ihre eigene Zeit und Entwicklung. Es ist dem Weg einer Knospe bis zur reifen Frucht vergleichbar oder einem Prozess, der mit einer ersten leisen Ahnung beginnt und mit einem sichtbaren Projekt endet. Keine Phase ist dabei wichtiger oder wertvoller als die andere, sondern jede ergänzt und bereichert die anderen und bereitet damit dem Ganzen den Weg.

Diese Kernkompetenzen können im Lauf der natürlichen Entwicklung eines Menschen im Rahmen eines intakten Elternhauses und gesunder Beziehungen erfahren und entwickelt werden. Wurde dies durch ungünstige Bedingungen stark eingeschränkt oder verhindert, so bieten ganzheitliches Coaching, themenzentrierte Weiterbildungen, spirituelle Schulungen und Therapien auch später noch eine wertvolle Gelegenheit zu innerer wie äußerer Ganzheit und Lebendigkeit. Es ist nie zu spät für einen guten Neuanfang.

Jede Kernkompetenz hat eine körperliche, eine mentale und eine emotionale Ausprägung. Der körperliche Zugang erfolgt über gesunde Ernährung, adäquate Bewegung und Entspannung. Den mentalen Zugang bilden Atemtechniken, Coaching, Mantras und Gebete. Meditation, Kunst und Rituale ermöglichen den emotionalen Zugang. Da jeder Mensch individuell verschieden ist, fällt dem einen Menschen der körperliche Zugang leichter, dem anderen der mentale oder auch der emotionale. Die in diesem Buch vorgestellten Übungen berücksichtigen bei jeder Stufe alle drei Zugänge.

Geduld, Wohlbefinden und Güte prägen den Weg zum Tor der Weisheit. Der Kreis des Lebens schließt und öffnet sich hier. Denn der Weg nicht zu Ende. Er beginnt erneut.

Als Kraftort für die Bilder zu diesem Kapitel haben wir den Stausee Ottenstein gewählt, der auf 14 km Länge eine bezaubernde Fjordlandschaft geschaffen hat. Zahlreiche Nebenarme, Burgen, Ruinen, Schlösser sowie kleine Sand- und Kiesstrände haben ein ungewöhnlich harmonisches Zusammenspiel von Natur, Kultur und Technik geschaffen. Wanderwege, Segel-, Ruderboote und Kanus bieten viele Möglichkeiten, die Landschaft zu entdecken. Kraftorte der Weisheit findest du überall dort, wo sich Schönheit, Funktionalität und Fortschritt harmonisch verbinden.

43. Was bedeutet Heimat für mich?

Vertrauen ist die Heimat der Seele. Wir erfahren sie als stabilen äußeren Rahmen in der Geborgenheit der Kindheit und lernen sie später als innere Referenz kennen, die unzerstörbar in uns lebt. Die erste Heimat verlassen wir oft, die zweite kann uns nie genommen werden. Menschen, die ihre innere Heimat nicht gefunden haben, suchen sie auch in der Welt vergebens. Doch wir brauchen alle Heimat: Das Gefühl, zu Hause zu sein – in uns und in der Welt. Es ist die Basis und das Fundament, auf dem alles andere aufbaut. Sichere Finanzen und stabile Beziehungen, körperliche Gesundheit, ein gemütliches Zuhause und innerer Seelenfrieden erlauben uns gesundes Wachstum und die ungestörte Entwicklung unserer Fähigkeiten. Die folgenden Übungen helfen dir, diese Basis zu stärken und zu stabilisieren.

Meditation: Vertrauen (Muladhara-Chakra)

Das erste Energiezentrum befindet sich im menschlichen Körper zwischen Anus und Genitalien im Körperinneren. Es ist dem Element Erde und dem Geruchssinn zugeordnet und steht für Sicherheit, Stabilität und Erdung. Wir können es riechen, wenn »etwas faul ist« und erkennen einander am Geruch. Angst vor Veränderung, Nervosität und Unruhe sind Symptome eines Ungleichgewichts

in diesem Bereich. In der Yogatradition harmonisiert man dieses Chakra durch entspannende, erdende Körperpositionen, Meditationen und Atemtechniken und durch vollwertige Ernährung. Ein gesundes Basis-Chakra leitet negative Energie wie ein Blitzableiter sofort nach unten ab und bezieht kontinuierlich positive Kraft aus der Erde. Es ermöglicht uns gesundes Wachstum, ein feines Gespür für materielle Sicherheit und Stabilität in gesunden Beziehungen. Die Yogaübung des Baums ist dafür ein schönes Sinnbild. Er hat tiefe Wurzeln und wächst frei und kraftvoll nach oben. Sein Dach und seine Wurzeln bieten Schutz und Heimat für viele Lebewesen.

Um dein Basis-Chakra körperlich zu pflegen, kannst du ein tiefes Rot als Kleiderfarbe tragen, viel rotes Gemüse essen, das in der Erde wächst (Möhren, Rote Bete, Süßkartoffeln), Entspannungsübungen durchführen, genug schlafen und erdende Körperübungen bevorzugen. Auf der mentalen Ebene kannst du eine gute Finanzberatung in Anspruch nehmen, Seminare für gesundes Selbstmanagement besuchen und erkennbare, klare Ordnung in deine Arbeitsabläufe bringen. Du kannst auch folgende Meditation ausführen.

>> Mache es dir bequem und nimm dir Zeit, den folgenden Fragen nachzuspüren: Wenn du auf den Weg zurückblickst, den du bis hier und heute gegangen bist – was hat dein tiefes Vertrauen in das

Leben bestärkt? Nimm dir Zeit, zunächst deinem äußeren Gefühl von Heimat nachzuspüren. Was für Plätze in der Natur, welche Landschaften oder Häuser kommen dir sofort, welche allmählich in den Sinn? Welcher Zeit in deinem Leben, welchem Duft und Geschmack sind sie zugeordnet? Welche Farben fallen dir ein und welche Melodien, Geräusche oder Stimmen? Und dann spüre der Heimat in deinem Inneren nach. Wann und wodurch entsteht in dir das Gefühl von »zu Hause sein«? Welcher körperliche Zustand trägt dazu bei, welche geistige Verfassung und welche emotionale Haltung? Wie kannst du – und zwar ganz unabhängig von äußeren Bedingungen – das Gefühl von »angekommen sein« und Heimat erleben? Diese innere Heimat hält allen Stürmen stand, steht dir stets offen und heißt dich willkommen. Du trägst sie immer mit dir, egal wo du bist, und sie kann dir nie genommen werden. Sie ist groß genug für Gastfreundschaft und Sicherheit, die du auch anderen vermitteln kannst.

Ritualarbeit: Das Lebensgemälde

Das Lebensgemälde nutzt die kreative Kraft des Menschen, um aus vielen Einzelerlebnissen ein kraftvolles Gesamtbild entstehen zu lassen, das über eindrückliche, individuelle Schönheit Sinn und neue Perspektiven entstehen lässt.

» Stelle ein großes Blatt Papier, Pinsel und Wasserfarben bereit. Es spielt keine Rolle, ob du lange nicht oder noch nie gemalt hast. Stelle dir in der Mitte des Blattes eine waagerechte Linie vor – diese entspricht deiner persönlichen Zeitlinie von der Geburt bis zum Tod. Die Geburt befindet sich am linken mittleren Rand deines Blattes, der Tod am rechten mittleren Bildrand. Kennzeichne intuitiv die Stelle, an der du jetzt etwa stehst. Oberhalb dieser »Mittellinie« malst du, was alles gut war in deinem Leben – je weiter oben, desto besser war es. Unterhalb der Mittellinie malst du, was schlimm für dich war – je schlimmer, desto tiefer rutscht es auf dem Bild. Wähle selbst die Farben und Strukturen, die dir passend erscheinen. Male keine Gegenstände, sondern bleibe allein bei Farben, Formen und Strukturen (Striche, Tupfen, Flächen). Lass die Farben mithilfe von Wasser ineinanderfließen oder grenze sie stark ab, wenn du wenig Wasser nutzt – lasse deine Intuition entscheiden, nicht deinen Verstand. Beginne bei deiner Geburt und male bis zur Gegenwart. Gehe dann in die Zukunft und male auch diese, so wie du sie dir wünschst. Lasse dann das Gesamtbild deines Lebens auf dich wirken, ohne es zu bewerten oder zu beurteilen.

⌂ Schildkröte

Körperübung: Schildkröte (Kurmasana)

Die Schildkröte trägt ihr Zuhause immer mit sich. Wo sie sich niederlässt, da ist ihre Heimat. Unwirtliche Umstände prallen an ihrem Panzer ab. Diese Haltung schenkt uns Gelassenheit, Ruhe, gesunde Grenzen und inneren Frieden. Sie entspannt und kräftigt unseren Rücken und unsere Hüften.

» Stelle im Sitzen beide Knie auf. Fasse dann von innen unter den Knien durch nach vorne zu deinen Füßen. Lege die Hände neben deine Füße flach auf den Boden. Runde deinen Rücken und bleibe innerlich ganz bei dir. Atme tief und ruhig und halte die Position sieben Atemzüge lang. Ziehe den Beckenboden mit dem Einatmen nach innen und löse ihn mit dem Ausatmen.

44. Wie bewahre ich mein inneres Gleichgewicht?

In jedem Leben gibt es Herausforderungen, die manchmal unüberwindlich scheinen. Kinder, die gehen lernen, stehen immer wieder auf, wenn sie fallen – nichts kann sie daran hindern, voll Freude die Welt zu erobern, neue Kontakte zu knüpfen und eine sichere Balance im Leben zu finden. Die Erinnerung an den Mut und die positive Kraft von Kindern kann uns helfen, wenn Stolpersteine im Leben uns später zu Fall bringen oder verunsichern. Die folgenden Übungen unterstützen dich dabei.

Meditation: Freude

Das zweite Energiezentrum wird auch Sakral-Chakra genannt. Es liegt am Ende des Kreuzbeins am unteren Ende der Wirbelsäule und ist dem Element Wasser und dem Geschmackssinn zugeordnet. Es steht für die gesunde Balance von Nähe und Distanz, Ruhe und Anspannung und die Fähigkeit, flexibel mit den Veränderungen im Leben umgehen zu können. Auch gesunde Intimität, Offenheit und Lernfreude gehören zum Wirkungskreis dieses Energiezentrums. Schuld, Scham, Süchte und Probleme mit Niere, Blase, Gebärmutter, Prostata und Geschlechtsorganen können auf ein Ungleichgewicht in diesem Bereich hinweisen. In der Yogatradition harmonisiert man dieses Chakra durch Gleichgewichtsübungen, Meditationen und Atemtechniken, die beide Gehirnhälften gleichzeitig aktivieren (Wechselatmung). Um dein Sakral-Chakra zu pflegen, kannst du Balanceübungen und Überkreuzbewegungen ausführen und regelmäßige Zeiten für Mahlzeiten und Pausen einplanen. Auf der mentalen Ebene kannst du für Inspiration sorgen, Tanzkurse oder Seminare für gesunde Grenzen, glückliche Beziehungen und erfolgreiche Kommunikation besuchen.

Folgende Gehmeditation fördert ebenfalls ein gesundes Gleichgewicht: Betrachte in Ruhe die unterschiedlichen Rollen in deinem Leben. Manchmal harmonieren sie und häufig scheinen sie unvereinbar. Es gibt eine Möglichkeit, das innere Gleichgewicht zu bewahren, ganz gleich, was äußerlich geschieht: die Atmung.

》 Suche einen Spazierweg auf, der zwei Seiten verbindet, die du als eher gegensätzlich empfindest (laut/leise; schön/hässlich; steil/flach …). Achte auf deinen Atem und gehe diesen Weg, indem du bei jedem Ein- und Ausatmen jeweils genau gleich viele Schritte machst. Gehe so langsam, dass dir diese Achtsamkeit leichtfällt. Achte darauf, was geschieht, wenn du diese Meditation ausführst. Welche Rolle spielen Äußerlichkeiten jetzt?

⬙ Magic Hands

Ritualarbeit: Magic Hands

Diese Maltechnik versöhnt unsere unterschiedlichen Anteile. Sie schenkt uns Kraft und Freude, an der eigenen Vision des Lebens zu arbeiten und zu wachsen.

❯❯ Lege deine Hände nebeneinander auf ein großes Blatt Papier, sodass sie wie die Flügel eines Schmetterlings wirken. Zeichne dann die Umrisse ab. Die linke Hand entspricht dem familiären Erbe, die rechte dem selbst gestalteten Leben.

»Fliegen« kann der Schmetterling nur, wenn beide Flügel harmonisch zusammenarbeiten. Dann bringen sie uns zielsicher in die Zukunft und Richtung, die wir selbst uns wünschen. Gib den Händen die Farbe und Struktur, die du als richtig empfindest. Wenn dein Schmetterling flugbereit ist, dann gestalte den Raum dahinter als Leinwand deiner Träume – du bist jetzt frei, dein Leben so zu führen, wie du es willst.

⬥ Kopfstand

Körperübung: Kopfstand (Sirsasana)

Diese Übung stärkt den Selbstwert, das Nervensystem und das Herz. Sie ist nicht geeignet bei Problemen mit der Halswirbelsäule und bei Übergewicht. Hier ist es besser, als Alternative den Handstand an der Wand, den Hund oder die stehende Vorbeuge zu üben.

» Komme in den Unterarmstand und umfasse mit den Händen beide Ellenbogen. Falte dann die Hände und lege den höchsten Punkt deines Schädels genau zwischen deine Hände. Stelle die Daumen auf und lege sie an den Hinterkopf.

Hebe dein Becken und gehe dann auf den Zehenspitzen so weit in Richtung Kopf, bis sich dein Becken genau über deinem Kopf befindet. Verlagere jetzt sanft dein Gewicht, bis sich die Füße ohne jede Anstrengung vom Boden lösen. Du kannst die Beine dabei beugen und einzeln oder gemeinsam nah an den Rumpf führen. Du kannst in dieser halben Kopfstandhaltung bleiben oder die Beine langsam nach oben strecken. Halte einige Atemzüge lang die Position und gehe dann genau so achtsam und langsam wieder aus der Stellung. Bleibe dann einige Minuten in der Kindeshaltung, bis dein Kreislauf sich wieder beruhigt hat.

45. Was ist meine größte Gabe?

Wenn wir große Angst haben oder unter Stress stehen, verblasst häufig die Verbindung zu unserer persönlichen Kraft und individuellen Begabung. Das liegt daran, dass es uns nicht möglich ist, gleichzeitig zwei sehr unterschiedliche Befindlichkeiten wahrzunehmen. Die Welle der Emotion überrollt uns manchmal so schnell, dass wir nicht mehr rechtzeitig Luft holen können. Wenn wir es aber schaffen, unseren Fokus besonders in stürmischen Momenten und Zeiten unerschütterlich auf unsere innere, unzerstörbare Kraft und Begabung zu richten, so zerschellt auch die größte Woge wirkungslos am Felsen dieser Achtsamkeit. Die folgenden Übungen unterstützen dich dabei.

Meditation: Kraft (Manipura-Chakra)

Das dritte Energiezentrum befindet sich in Höhe der Lendenwirbelsäule. Es ist dem Feuerelement und der Sehkraft zugeordnet und steht für Durchsetzungskraft, Charisma und Begeisterungsfähigkeit. Ist dieses Zentrum im Ungleichgewicht, so leidet der Mensch häufig unter Gereiztheit, Wut, Ärger und Verbitterung. Traditionell wird dieses Chakra durch kraftvolle Körperübungen (Planke, Blitz, Sonnengruß) und reinigende Atemtechniken harmonisiert (Feueratmung, tiefe Atmung).

Meditationen arbeiten mit dem Feuer und seiner sicheren Kontrolle in unserem Geist. (Tratak, Eigenschaftsmeditation). Ein gutes Beispiel und eine typische Übung zur Harmonisierung dieses Chakras ist das Boot. Die Körpermitte wird intensiv gestärkt und das innere Feuer durch die gleichzeitig erforderliche Balance sicher kontrolliert und geführt.

Du kannst dein Manipura-Chakra pflegen, indem du regelmäßig kraftvolles Körpertraining durchführst und dabei tief atmest. Auf der mentalen Ebene kannst du dafür sorgen, dass dein inneres Feuer genügend Nahrung erhält, aber keinen Schaden anrichtet. Übe ethisch korrektes Verhalten nach den zehn yogischen Richtlinien sozialer und persönlicher Lebensführung. Nähre deine Kraft und Freude durch deinen Einsatz im richtigen Beruf und für Ziele, die dir am Herzen liegen.

Der Atem ist das Herz unserer Kraft und geistigen Klarheit. Wir können diese Kraft in uns pflegen und erneuern, wenn wir achtsam und bewusst atmen. Die folgende Meditation stärkt deine Mitte:

》 Stelle dir bei jedem Einatmen ein Symbol vor, das dich an kraftvolle Klarheit erinnert. Du kannst dabei einen Meditationssatz formen, ein »Gatha«, das dich optimal unterstützt und unerwünschte, ermüdende Gedankenschleifen zum Schweigen bringt. Ein »Gatha« ist eine

♦ Tiger

Kombination von einer Atemtechnik mit einem Text. Zum Beispiel: »Einatmend sehe ich mich als Berg. Ausatmend fühle ich mich stark.«

Du kannst diese Meditationstechnik auch im Gehen üben und dir dabei der Anzahl der Schritte bewusst sein. Da das Gehirn nur eine begrenzte Anzahl von Wahrnehmungen gleichzeitig verarbeiten kann (und auch diese nur in unterschiedlicher Stärke), kommen ermüdende Gedankenschleifen auf diese Weise allmählich zur Ruhe und der Geist erholt sich.

Körperübung: Tiger (Eka Hasta Vyaghrasana)

Diese Übung erinnert uns an die Kraft, mit der wir anmutig und geschmeidig jeder Gefahr begegnen können. Sie schult Gleichgewicht, Flexibilität und Koordination.

» Komme in den Vierfüßlerstand und hebe dann kraftvoll dein rechtes Bein: den »Schwanz« des Tigers! Beuge deinen Unterschenkel und strecke die Zehen. Beuge Oberkörper und Kopf leicht nach hinten und spüre die Kraft in deinem Rücken.

Halte die Position sieben Atemzüge lang und wechsle dann zum anderen Bein.

Ritualarbeit: Kraftplatz

Dieses Ritual erneuert und festigt deine Kraft.

» Suche einen Platz in freier Natur auf, an dem du dich besonders wohl fühlst. Gestalte dann mit den Materialien, die du an diesem Ort findest, deinen ganz persönlichen Kraftplatz. Er sollte ausdrü-

cken, wie du deine Kraft wahrnimmst. Es kann dabei auch Seiten geben, die du offen zeigst, und Seiten, die eher im Verborgenen wirken. Du kannst ein Teelicht mitbringen und es anzünden, während du dich innerlich mit deiner Kraft verbindest. Wenn du dich genährt fühlst, kannst du dem Ort danken und das Licht wieder mit nach Hause nehmen. Du kannst es dann auch zu Hause immer wieder entzünden, wenn du Kraft brauchst.

❧ Kraftplatz

46. Was ist der wichtigste Wert in meinem Leben?

Wenn ein Mensch erfahren hat, was tief in seinem Innersten die größte Bedeutung für ihn hat, besitzt er einen zuverlässigen Kompass für seine Lebensführung. Herausforderungen und schlechte Zeiten bringen ihn nicht von seinem Kurs ab, er weiß, warum und wozu er etwas tut und ist damit im Einklang. Er bewahrt so seinen Seelenfrieden und seine innere wie äußere Kraft und Klarheit. Entscheidungen fallen ihm leicht und Ablenkungen locken ihn nicht. Er ist frei.

Meditation: Liebe (Anahata-Chakra)

Das Herz-Chakra kennzeichnet das zentrale Energiezentrum im Menschen, Die unteren Chakren sind eher körperlich ausgerichtet, die oberen eher geistig. Das mittlere oder Anahata Chakra verbindet diese beiden Bereiche mühelos durch Liebe. Aus diesem Grund gilt dieses Chakra als ganz besonders wertvoll.

Es ist dem Luftelement und dem Tastsinn zugeordnet und befindet sich auf Höhe des Herzens im vorderen Bereich der Wirbelsäule. Haut und Hände sind eng mit dem Herzzentrum verbunden. »Anahata« bedeutet auch »der Ton, der nicht angeschlagen wird« und bezieht sich auf den unzerstörbaren inneren Klang, der uns sicher führt, wenn wir auf unser Herz hören. Aus diesem Ton soll einst das Universum entstanden sein.

Toleranz, Freundlichkeit und Mitgefühl kennzeichnen ein ausgewogenes Herzzentrum. Starrheit, Egoismus und Geiz weisen auf fehlende Balance hin. Du kannst dein Herz pflegen, indem du häufig Rückbeugen übst und Körperübungen, die Flexibilität erfordern. Atme einige Minuten am Tag durch das linke Nasenloch ein und das rechte aus (Mondatmung) und praktiziere Meditationen, die Liebe in den Mittelpunkt stellen. Trage und betrachte die Farbe grün und ernähre dich vegetarisch oder vegan. Das Herz liebt Sanftmut und tötet niemals.

Eine schöne Übung für das Herzzentrum ist der Bogen (Seite 123) oder der halbe Bogen (Seite 44). Die Mitte deines Körpers und deine Beine bleiben dabei sicher mit der Erde verbunden, während die Kraft deines Herzens dich Richtung Himmel trägt. Die Liebe ist der unantastbare heilige Raum in unserem Inneren, der von unserer geistigen Kraft und unserem materiellen Körper genährt wird. Sie verbindet alle gegensätzlichen Impulse. Liebe argumentiert nicht. Sie verwandelt allein durch ihre Anwesenheit. Mit der folgenden Atemübung kannst du der Liebe in deinem Leben wieder mehr Raum geben.

>> Spüre den Schatten in dir nach und gib ihnen nacheinander die richtigen Namen. Atme sie dann ohne jede Wertung tief und liebevoll ein. Mit dem Ausatmen entlässt du sie aus deinem Inneren und schenkst ihnen die Freiheit. Liebe ver-

◇ Schmetterling

wandelt. Durch die Magie der achtsamen Verbindung deines Atems mit der Liebe ermöglichst du auch uralten Ängsten und Schatten einen Ausweg aus deinem Inneren. Bleibe geduldig und freundlich und atme so lange liebevoll weiter, bis du eine spürbare Erleichterung in deinem Herzen fühlen kannst.

Körperübung: Schmetterling (Baddha Konasana)

Die Hüften sind das Tor für Neues. Diese Übung hält die Hüftgelenke flexibel und das Gemüt stabil und friedvoll. Der untere Rücken wird gestärkt und die Haltung verbessert.

》 Sitze aufrecht und ziehe beide Füße nah zu dir heran. Umfasse sie mit den Händen, richte dich gerade auf, entspanne die Schultern und das Gesicht. Beginne die Knie sanft auf und ab zu bewegen und »fliege« wie ein Schmetterling. Stelle dir dabei das Gefühl von Leichtigkeit und Schweben vor. Atme tief und ruhig und behalte die Position sieben Atemzüge lang bei.

Coaching-Technik: Mandala der Werte

Dieses Ritual verbindet dich mit deinem Herzen und deiner inneren Führung. Es öffnet dir den Weg zu überraschenden Wegen und anmutigen Lösungen, die nicht über den Intellekt, die Kraft oder den Willen gefunden werden können. Das folgende Mandala zeigt Weisheit im Zentrum, das von Kraft und Liebe eingerahmt wird.

» Nimm dir Zeit, den wichtigsten Werten in deinem Leben nachzuspüren. Konzentriere dich schließlich auf die zentralen Werte in deinem Leben und gib ihnen eine Hierarchie: den ersten, zweiten und dritten Platz. Lasse die Farben, Formen und Strukturen deines wichtigsten Wertes vor deinem inneren Auge entstehen. Gestalte damit das kreisförmige Zentrum auf einem großen Blatt Papier. Lass die beiden anderen Werte diesen gemeinsam einrahmen.

❯ Mandala der Werte

47. Welcher Gruppe fühle ich mich zugehörig?

Viele Menschen kennen das Gefühl, sich nach etwas zu sehnen, das sie nicht benennen können. In östlichen Traditionen geht man davon aus, dass der Mensch in vielen Leben Erfahrungen sammelt. Die Erinnerungen daran werden im nicht bewusst zugänglichen Gedächtnis bewahrt.

Nur in besonderen Momenten öffnen sich den Menschen Fenster in diese anderen »Wirklichkeiten«. Unsere Sehnsucht nach diesen uralten Wurzeln ist ein Maß dafür, wie weit wir uns in diesem Leben von dem entfernt haben, was für uns einmal wichtig war. Die folgenden Übungen unterstützen dich dabei, mit der Kraft vertrauter Wurzeln gute neue Wege zu finden.

Meditation: Kreativität (Vishuddha-Chakra)

Das fünfte Energiezentrum befindet sich in Höhe der Kehle. Es ist dem Gehörsinn, dem Element »Raum« und der Farbe Blau zugeordnet. Seine enge Verbindung zur Schilddrüse zeigt sich an Symptomen eines Ungleichgewichts dieses Energiezentrums: Nervosität oder Trägheit, künstlerische Blockaden und Schwierigkeiten, sich richtig auszudrücken. Es können auch merkwürdig »therapieresistente« Schmerzen im Hals-, Nacken-, Schulter- oder Kieferbereich auftreten. Die Konfrontation mit Platzangst, Süchten und

Problemen mit der Wahrheit wie Lügen oder Betrug spielen häufig ebenfalls eine wichtige Rolle – aktiv, oder auch passiv in einer Nebenrolle als Partner oder Angehöriger. Im Gleichgewicht ist dieses Chakra verantwortlich für Wortgewandtheit, Freiheit, Feinfühligkeit und ungehinderte Kreativität. Du kannst dieses Energiezentrum pflegen, indem du Vorbeugen, Twists und Rückbeugen ausführst. Der Sonnengruß bietet hier eine sehr umfassende Übungssequenz. Du kannst die Farbe Blau in dein Leben bringen, Singen und kreative Tätigkeiten ausüben. Je enger du dies mit deiner persönlichen spirituellen Praxis verbindest, desto intensiver wirken die Übungen. Die Art und Weise, wie wir Informationen optimal aufnehmen, verarbeiten und weitergeben können, hängt eng mit der uns zugehörigen Kreativität und dem dazu passenden persönlichen Ausdruck zusammen. Zusammen ergeben sie das Potenzial erfolgreicher Kommunikation, Glaubwürdigkeit und Präsenz. Heute gibt es sehr viele verschiedene Berufe und Lebensformen. Das macht es oft schwer, die richtige Wahl zu treffen. Vor allem dann, wenn man die tiefen Wurzeln seiner Begabung noch nicht erkannt hat, sie nicht lebt oder verleugnet. Die folgende Meditation unterstützt dich dabei, dir deiner kreativen Kraft und Zugehörigkeit bewusst zu werden.

» Stelle dir vor, du hättest vor etwa 1000 Jahren gelebt – welchen Beruf hättest du damals ergriffen, wenn du die freie Wahl gehabt hättest? Bauer, Lehrer oder

⌂ Delphin

Priester? Forscher, Gaukler, Krieger? Heiler, Erfinder oder Entdecker? König oder Baumeister? Feldherr oder Kräuterfrau? Nimm dir Zeit, deiner intuitiven Spur in die Vergangenheit zu folgen und deine Empfindungen dort wahrzunehmen. Überprüfe dann deinen heutigen Beruf mit dem, der dir aus früher Zeit vertraut erscheint. Wenn der Unterschied sehr groß und die Sehnsucht nach deinen Wurzeln sehr stark ist, dann kann das ein wichtiger Hinweis dafür sein, wie und wo du verborgene Fähigkeiten in dir finden kannst – als zweites berufliches Standbein, geliebte Freizeitbeschäftigung oder in einem neuen Wirkungsfeld.

Körperübung: Delphin (Ardha Pincha Mayurasana)

Diese Körperübung stärkt deine Mitte, dein Durchhaltevermögen und deinen gesamten Rumpf. Sie gestärkt auch deinen Mut, in deinem Leben tapfer voranzugehen. Auch deine Arme werden gekräftigt. Du lernst, geschmeidig mit Herausforderungen umzugehen und das Beste aus jeder Position zu machen.

》Komme auf Knie und Hände in die Vierfüßlerposition. Lege dann die Unterarme auf dem Boden ab und drücke dein Becken nach oben. Wenn du die kraftvolldynamische Form des Delphins üben willst, dann komme mit dem Ausatmen mit dem ganzen Körper parallel zum Boden. Lege den Körper nicht ab, sondern schiebe das Becken mit dem Einatmen wieder weit nach oben in die Ausgangsposition. Fahre so für einige Minuten fort.

Ritualarbeit: Nabelschnur

Dieses Ritual verbindet dich mit deinen Wurzeln und mit dem, wofür dein Herz brennt. Es schafft eine spirituelle Verbindung zu deinem »Stamm«, den Menschen, die so denken, handeln und fühlen, wie du es tust. Über diese Verbindung kannst du auch einen lang unterbrochenen Kontakt wiederherstellen und deine Fähigkeiten und deine Zugehörigkeit aus tiefer Vergangenheit aktivieren. Du kannst auf diese Weise auch um einen Lehrer oder die richtigen Weggefährten bitten.

» Suche einen stillen Ort auf, an dem du sehr gerne bist. Stelle dir dann den Stamm oder die Gruppe von Menschen vor, denen du dich schon vor tausenden von Jahren zugehörig gefühlt hättest. Wie leben sie, welchen Gesetzen gehorchen sie, welche Rituale, Feiern und Traditionen haben sie? Lass deiner Fantasie freien Lauf und entspanne dich. Stelle dir dann innerlich die Verbindung zwischen dir und den Angehörigen von diesem »Stamm« vor. Welche Elemente prägen sie? Welche Kräfte fließen durch sie? Wenn du so soweit bist, dann gestalte mit den Materialien, die dir zur Verfügung stehen, eine Verbindung oder »Nabelschnur« zwischen dir und diesem Stamm. In der Natur benutze am besten nur Naturmaterialien, damit es ein lebendes Kunstwerk bleibt, das in und mit der Natur wieder verwächst. Stelle dich dann an das Ende der Nabelschnur und stelle dir die pulsierende Kraft in dieser Verbindung vor.

Du kannst um Führung, Weggefährten oder Zeichen bitten, die dir den Weg zu den Menschen weisen, die heute zu deinem Stamm gehören. Danke dann dem Ort, an dem du dieses Ritual durchgeführt hast und der Energie, die dich begleitet hat. Du kannst ihn jederzeit wieder aufsuchen oder neu gestalten, wenn du dich einsam fühlst oder Rat brauchst.

48. Was, glaube ich, geschieht nach meinem Tod?

Es macht einen großen Unterschied, ob wir glauben, dass mit unserem Tod alles endet, oder nicht. Solange wir jung und gesund sind, spielt dieser Unterschied keine große Rolle, denn in der westlichen Welt kommen Menschen selten in direkte Berührung mit dem Tod. Es gibt keine gewachsene Kultur der Sprache, der Akzeptanz oder der stillen, einvernehmlichen Begleitung des Todes mehr. Er wird im Zusammenhang mit der modernen Medizin eher als Niederlage angesehen. Von Angehörigen wird der Tod dadurch oft als Verlust oder bitteres Unrecht empfunden. Diese Betrachtung rächt sich mit tiefer Einsamkeit, Sprachlosigkeit, Wut, Angst und unstillbarer Trauer angesichts des Todes. Es lohnt sich, so früh wie möglich mit dem Tod Frieden zu schließen. Ihn als stillen Wächter am Tor zu begreifen und als älteren Bruder der Geburt. Wir wissen, dass der Tod uns alle in Empfang nehmen wird. Was danach kommt, wissen wir nicht. Hier beginnt der Glaube.

Nimm dir Zeit, den Gedanken zuzulassen, dass dein Leben endlich ist. Erkenne mutig die kraftvolle Zartheit dieses lebendigen Regenbogens. Wer das Leben als Geschenk begriffen hat, den quält keine Angst mehr, auch nicht vor dem Tod. Er ist frei und dankbar für jeden leuchtenden, kostbaren Augenblick.

Meditation: Klarheit (Ajna-Chakra)

Das sechste oder »Stirn-Chakra« wird auch als »drittes Auge« bezeichnet, in dem sich wichtige Energiebahnen treffen. Es ist dem Denken und der Farbe Weiß und dem Mantra »Om« zugeordnet. Vernunft und Unterscheidungsvermögen prägen dieses Energiezentrum, das dem Menschen den freien Willen erlaubt. So kann der Mensch selbst entscheiden, ob er einem triebhaften Impuls nachgibt oder nicht. Tiere können das nicht – sie bleiben ihrer instinktgesteuerten Natur zeitlebens unterworfen. Die Konzentration auf das dritte Auge unterstützt die Konzentrationsfähigkeit und die persönliche Entwicklung. Anzeichen eines ausgewogenen Stirn-Chakras sind die Fähigkeit, abstrakt und in großen Zusammenhängen zu denken, ausgeprägte Intuition, der sogenannte »sechste Sinn«, Disziplin und ein gutes Traumgedächtnis. Dysbalancen können sich in Kopfschmerzen, Migräne, Kleinwuchs, Vergesslichkeit, Demenz, Schlaganfällen, Augenproblemen, Schizophrenie und manischen Depressionen äußern.

Kopfstand und Handstand sind Sinnbilder für die Energie des Stirn-Chakras. Diese Übungen erfordern vollkommenes inneres wie äußeres Gleichgewicht und erlauben eine völlig neue Sicht auf das Leben. Die folgende Meditation fördert innere Gelassenheit und Stärke.

❯❯ Sitze bequem in der Meditationshaltung. Wiederhole die folgenden Sätze einige

⌂ Taube

Male lautlos, bevor du zum nächsten gehst.

- »Ich atme ein und spüre meine Verbundenheit mit der Schöpfung.
- Ich atme aus und fühle meine Freiheit.
- Ich atme ein und spüre meine Lebendigkeit.
- Ich atme aus und spüre meine Sterblichkeit.
- Ich atme ein und spüre meinen Körper.
- Ich atme aus und spüre, dass ich mehr bin als mein Körper.
- Ich atme ein und spüre meine Gedanken.
- Ich atme aus und spüre, dass ich mehr bin als meine Gedanken.
- Ich atme ein und spüre meine Gefühle.
- Ich atme aus und spüre, dass ich mehr bin als meine Gefühle.«

Körperübung: Taube (Kapotasana)

Diese Haltung öffnet das Herz, aktiviert das Vertrauen und befreit von Ängsten. Sie fördert innere wie äußere Aufrichtung. Wenn der innere Blick ungetrübt ist, richtet eine lichte Kraft uns auf, die weiß, dass Tod und Leben Geschwister sind. Und dass wir weit mehr sind als unser Körper, unsere Gedanken oder Gefühle.

» Strecke das rechte Bein weit nach hinten und lege den linken Unterschenkel quer vor dir ab. Dann bringe die gestreckten Arme nach hinten, schiebe das Brustbein nach vorn und richte den Blick nach oben. Halte sieben Atemzüge lang die Position und wechsle dann die Seiten.

Ritualarbeit: Lichtreise

Dieses Ritual trägt unsere Vision mit dem Fluss des Lebens bis ans Meer, zu unserer uralten Heimat. Es lehrt uns, unsere begrenzte Sicht des Lebens vertrauensvoll loszulassen und schenkt Ruhe, Kraft und Zuversicht. Du kannst dieses Ritual für dich selbst oder für einen lieben Menschen ausführen, der es selbst nicht (mehr) kann.

» Suche einen Platz nahe einem Bach- oder Flusslauf auf. Gestalte dann mit Rinde, Holz, Gräsern und mitgebrachten Bast- oder Hanffäden ein Boot oder Floß, das ein kleines Teelicht tragen kann. Entferne die Aluminiumhülle und alles Metall, sodass nur der Docht und das Wachs übrigbleiben. Setze dann das Licht mit deiner innigsten Vision auf dein Boot. Das Licht entspricht unserem Geist, das Boot unserem Körper und die Vision unserer Seele.

Stelle dir vor, dass mit dem Entzünden des Lichts deine Vision mit dem Boot verschmilzt. Auch wenn das Boot kentert oder das Licht erlischt, bleibt die Vision erhalten. Sie ist unzerstörbar. Nur das Boot ist »sterblich«, nicht aber sein Inhalt. Wenn du einem Verstorbenen danken willst, dann ehre ihn, indem du seine Vision mit einem Licht auf die Reise schickst.

❧ Lichtreise

49. Welchen Sinn hat diese Welt für mich?

Betrachte die Zeit, die dir bis jetzt geschenkt wurde, und deinen Platz in der Welt. Wenn du in einem Satz beschreiben könntest, was dir diese Welt bedeutet: Wie würde er lauten? Wenn es ein Bild wäre, wie würde es aussehen? Und wäre die Welt ein Gefühl, welches würde sich für dich damit verbinden?

Meditation: Weisheit (Sahasrara-Chakra)

Das siebente und letzte Chakra wird auch Kronen- oder Scheitel-Chakra genannt, da es sich am obersten Punkt des Schädels befindet. Es ist der Erfahrung der Einheit zugeordnet, dem Zentrum, zu dem tausend Wege führen. Seine Farbe besteht aus allen Farben, dem Regenbogenlicht. Um dieses Chakra zu pflegen, ist es wichtig, die übrigen sechs Energiezentren zu harmonisieren. Das siebente liegt jenseits des direkten menschlichen Einflusses.

In Balance schenkt es dem Menschen ein Gefühl von tiefem Frieden und Verbundenheit. Ist es nicht im Gleichgewicht, können Immunschwäche und ein Gefühl von Leere und Sinnlosigkeit auftreten. Die folgende Meditation erweitert die Wahrnehmung. Gefühle von Enge oder Dringlichkeit können durch Gelassenheit und Weitblick ersetzt werden – wichtige Voraussetzungen für weise Entscheidungen.

》 Sitze bequem im Meditationssitz und konzentriere dich auf deine rechte Körperseite. Stelle dir vor, dass sich mit jedem Ausatmen deine rechte Körperseite mehr und mehr ausdehnt – bis zum Horizont und noch weit darüber hinaus. Lasse dir dafür mehrere Atemzüge lang Zeit. Konzentriere dich dann auf deine linke Körperseite und wiederhole das Vorgehen, bis du auch hier ein Gefühl von Weite wahrnimmst. Fahre fort mit deiner Körpervorderseite und dann mit deiner Rückseite. Stelle dir dann die grenzenlose Ausdehnung deiner Körperunterseite vor und zuletzt die deiner Körperoberseite. Spüre den Raum und die unendliche Weite rund um dich. Bleibe einige Atemzüge lang in dieser Vorstellung. Ziehe nun deine Grenzen mit jedem Einatmen wieder näher zu dir heran, bis du zuletzt wieder ganz in den vertrauten Grenzen deines Körpers zu Hause bist. Bleibe dir der Frische und Weite dieser Erfahrung bewusst.

Körperübung: Adler (Garudasana)

Diese Übung harmonisiert und bündelt unsere Kräfte. Sie fördert Balance, Kraft, Koordination und Fokus. So können wir uns weit über unseren normalen Alltag erheben und die Perspektive eines Adlers einnehmen.

⌃ Adler

›› Komme in eine sichere Standposition
und erde dich. Hebe dann dein rechtes
Bein und schlinge es um deinen linken
Unterschenkel. Beuge dabei dein Standbein und senke dein Becken ab. Hebe
deinen rechten Arm und schlinge deinen
linken Unterarm um den rechten. Die
Hände berühren sich an den Handrücken
oder Handflächen, je nach dem Grad
deiner Flexibilität. Halte die Position
sieben Atemzüge lang, breite dann deine
»Flügel« weit aus und wechsle die Arm-
und Beinposition.

Atemtechnik: Mantra »Lokah
Samastha Sukhino Bhavantu«
»Mögen alle Wesen der Welt Glück und
Harmonie erfahren.«

Dieses Mantra erzeugt ein Feld von
Friedfertigkeit und Harmonie, in dem
sich Gutes entwickeln und wachsen
kann. Du kannst es sprechen, singen oder
schreiben.

Übersicht: Die 7 Tore

Auf dieser Seite findest du eine Übersicht zu den Themen und
Übungen der einzelnen Kapitel.

Woche 1 bis 7	**DAS TOR DES VERTRAUENS**					
Vertrauen	Freude	Kraft	Liebe	Kreativität	Klarheit	Weisheit
SCHLÜSSELFRAGEN ZUM VERTRAUEN						
Was gibt mir Sicherheit?	Welche Bewegung bringt mir Freude?	Was stärkt mich?	Wie sorge ich für mich?	Mit welcher Form der Kommunikation fühle ich mich sicher?	Welche Perspektive schenkt mir Zuversicht?	In welchem Glauben fühle ich mich geborgen?
MEDITATIONEN ZU DEN 5 SÄULEN DES YOGA						
Gesunde Ernährung	Bewegung	Harmonische Atmung	Gedanken	Entspannung	Balance der fünf Säulen	Vertrauen
KÖRPERÜBUNGEN						
Tiefe Entspannung	Atemwelle	Pferd	Heuschrecke	Halber Bogen	Tiefe Hocke	Angenehme Meditationshaltung
COACHING-TECHNIKEN/ATEMTECHNIKEN						
Bauchatmung	Vollständige Atmung	Harmonische Atmung	Atempausen	Sinnvolle Kommunikation	»SMART«	Mantra »OM«

Woche 8 bis 14
DAS TOR DER FREUDE

Vertrauen	Freude	Kraft	Liebe	Kreativität	Klarheit	Weisheit

SCHLÜSSELFRAGEN ZUR FREUDE

Was weckt meine spielerische Neugier?	Wie bewahre ich mein inneres Gleichgewicht?	Wie schaffe ich Raum für Freude?	Was ist meine größte Freude?	Wie drücke ich meine Freude aus?	Wie bringe ich Freude in die Welt?	Was ist mein Platz in der Welt?

MEDITATIONEN ZU DEN »YAMAS«: RICHTLINIEN FÜR DAS SOZIALE VERHALTEN

Gewaltlosigkeit	Wahrhaftigkeit	Nicht stehlen	Mäßigung	Nicht horten	Balance der fünf Yamas	Freude

KÖRPERÜBUNGEN

Hocke	Krähe	Baum	Standwaage	Tänzer	Held	Friedvoller Held

COACHING-TECHNIKEN / ATEMTECHNIKEN

Erdende Atmung	S.C.O.R.E	Moment of Excellence	Wunderfrage	Siegreiche Atmung	Herzatmung	Mantra: »So-Ham«

Woche 15 bis 21
DAS TOR DER KRAFT

Vertrauen	Freude	Kraft	Liebe	Kreativität	Klarheit	Weisheit

SCHLÜSSELFRAGEN ZUR KRAFT

Was ist die Quelle meiner Kraft?	Wie spüre ich meine Kraft?	Wann und wie setze ich Grenzen?	Welche Faktoren beeinflussen meine Kraft?	Welche Form der Kommunikation ist meine wirksamste?	Wofür setze ich meine Kraft ein?	Welchem Sinn dient mein Einsatz?

MEDITATIONEN ZU DEN »NIYAMAS«: RICHTLINIEN FÜR DAS PERSÖNLICHE VERHALTEN

Reinheit	Zufriedenheit	Tiefes Schauen	Redliches Bemühen	Hingabe	Balance der fünf Niyamas	Kraft

KÖRPERÜBUNGEN

Bergstellung	Stehende Rückbeuge	Stehende Vorbeuge	Sprinter	Planke	Kobra	Hund

COACHING-TECHNIKEN/ATEMTECHNIKEN

Reinigende Atmung	Sonnenatmung	Feueratmung	Die gute Absicht	Sechs Schritte zum Glück	Kühlende Atmung	Mantra: »Om namo narayanaya«

DAS TOR DER LIEBE

Woche 22 bis 28

Vertrauen	Freude	Kraft	Liebe	Kreativität	Klarheit	Weisheit

SCHLÜSSELFRAGEN ZUR LIEBE

Vertrauen	Freude	Kraft	Liebe	Kreativität	Klarheit	Weisheit
Wofür bin ich dankbar?	Wie verbinde ich die Liebende und den Krieger in mir?	In welchen Taten zeigt sich meine Liebe?	Wofür brennt mein Herz?	Was ist der kreative Ausdruck meiner Liebe?	Wie bringe ich Liebe in die Welt?	Welchen Raum hat die Liebe in meinem Leben?

MEDITATIONEN ZU DEN »BHAVANAS«, DEN VIER HEILSAMEN GEFÜHLEN UND ZU DEN DREI PRINZIPIEN DES LEBENS

Liebe	Mitgefühl	Toleranz	Inspiration	Kontinuität	Veränderung	Schöpferkraft

KÖRPERÜBUNGEN

Meditations-haltung	Stand-waage	Fisch	Kamel	Lotusblüte	Baum	Kelch

COACHING-TECHNIKEN/ATEMTECHNIKEN

Atmung für die Nase	Der Spiegel	Atmung für die Augen	Mond-atmung	Die fünf Sprachen der Liebe	Atmung für die Ohren	Mantra: »Gayatri«

DAS TOR DER KREATIVITÄT

Woche 29 bis 35

Vertrauen	Freude	Kraft	Liebe	Kreativität	Klarheit	Weisheit

SCHLÜSSELFRAGEN ZUR KREATIVITÄT

Vertrauen	Freude	Kraft	Liebe	Kreativität	Klarheit	Weisheit
Was ist die Quelle meiner Inspiration?	Wie bringe ich innere und äußere Inspiration in Einklang?	Wie entfalte ich meine kreative Kraft?	Was ist das Herz meiner Kreativität?	Was ist die bestmögliche Ausdrucksform meiner Kreativität?	Wie bringe ich meine Kreativität in die Welt?	Welche Bedeutung hat Kreativität für mich?

MEDITATIONEN ZU DEN ELEMENTEN

Holz	Wasser	Erde	Feuer	Metall	Luft	Kreativität

KÖRPERÜBUNGEN

Kind	Boot	Bogen	Blitz	Halber Handstand	Visionärer Held	Offene Vorbeuge

COACHING-TECHNIKEN/ATEMTECHNIKEN

Atemwelle	Wechsel-atmung	Nabel-atmung	Namaste	Vokale tönen	Das Rad des Lebens	Der freie Weg

DAS TOR DER KLARHEIT

Woche 36 bis 42

| Vertrauen | Freude | Kraft | Liebe | Kreativität | Klarheit | Weisheit |

SCHLÜSSELFRAGEN ZUR KLARHEIT

Vertrauen	Freude	Kraft	Liebe	Kreativität	Klarheit	Weisheit
Wie schaffe ich Raum für visionäre Klarheit?	Wie verbinde ich Alltag und Vision?	Welchen Mut brauche ich, um meine Vision zu leben?	Was ist das Herz meiner Vision?	Wie vermittle ich meine Vision?	Was bringe ich mit meiner Vision in die Welt?	Welchen Sinn hat diese Vision?

MEDITATIONEN ZU DEN »DOSHAS« UND »GUNAS«: KONSTITUTION UND EIGENSCHAFTEN

Vertrauen	Freude	Kraft	Liebe	Kreativität	Klarheit	Weisheit
Dosha-Test	Vata	Pitta	Kapha	Prana	Tejas	Ojas

KÖRPERÜBUNGEN

Vertrauen	Freude	Kraft	Liebe	Kreativität	Klarheit	Weisheit
Hase	Katze	Dreieck	Schmelzendes Herz	Twist	Stehende Vorbeuge	Kuhmaul

COACHING-TECHNIKEN/ATEMTECHNIKEN

Vertrauen	Freude	Kraft	Liebe	Kreativität	Klarheit	Weisheit
Zeit der Stille	Krafttier	Achtsamkeit	Löwenatmung	Zeitreise	Die Magie der Sprache	Mantra: »Om Tryambakam«

DAS TOR DER WEISHEIT

Woche 29 bis 35

| Vertrauen | Freude | Kraft | Liebe | Kreativität | Klarheit | Weisheit |

SCHLÜSSELFRAGEN ZUR WEISHEIT

Vertrauen	Freude	Kraft	Liebe	Kreativität	Klarheit	Weisheit
Was bedeutet Heimat für mich?	Wie bewahre ich mein inneres Gleichgewicht?	Was ist meine größte Gabe?	Was ist der wichtigste Wert in meinem Leben?	Welcher Gruppe fühle ich mich zugehörig?	Was, glaube ich, geschieht nach meinem Tod?	Welchen Sinn hat diese Welt für mich?

MEDITATIONEN ZU DEN CHAKRAS: DIE ENERGIEN DES MENSCHEN

Vertrauen	Freude	Kraft	Liebe	Kreativität	Klarheit	Weisheit
Vertrauen	Freude	Kraft	Liebe	Kreativität	Klarheit	Weisheit

KÖRPERÜBUNGEN

Vertrauen	Freude	Kraft	Liebe	Kreativität	Klarheit	Weisheit
Schildkröte	Kopfstand	Tiger	Schmetterling	Delfin	Taube	Adler

ATEMTECHNIKEN/RITUALARBEIT

Vertrauen	Freude	Kraft	Liebe	Kreativität	Klarheit	Weisheit
Lebensgemälde	Magic Hands	Kraftplatz	Mandala der Werte	Nabelschnur	Lichtreise	Mantra: »Lokah Samastha Sukhinom Bavanthu«

Service

Perspektiven

Wer die Übungen an den Originalplätzen ausführen möchte, kann die im Buch beschriebenen Kraftorte rund um Zwettl im Norden Österreichs, dem »Waldviertel«, finden.
Unsere Vision besteht darin, sie über einen realen »Glücksweg« auf einem mehrtägigen Rundwanderweg von sieben Etappen zu verbinden. Durch sieben Tore soll dieser Lebensweg den Wanderer führen, die den Charakter des jeweiligen Tores widerspiegeln: Vertrauen, Freude, Kraft, Liebe, Kreativität, Klarheit und Weisheit. Neben jedem Tor soll sich eine Beschreibung der Bedeutung des jeweiligen Tores und die Übersicht der Etappe bis zum nächsten Tor befinden. Bildtafeln mit ausgewählten Schlüsselfragen und Übungen inspirieren die Wanderer auf diesem Weg und nutzen dabei die besondere Energie der Orte.
Übernachtungen auf Burgen, Schlössern, Klöstern oder in Herbergen entlang des Weges eröffnen neue Perspektiven. Es soll ein Weg sein, der allen Menschen Gesundheit, Inspiration und Lebensfreude erfahrbar macht. Und der dazu beiträgt, dass sie sich selbst und ihren Träumen dabei ein gutes Stück näherkommen. Die Vision hinter dieser Vision ist es, dass eines Tages überall auf der Welt Glückswege entstehen, die regionale Schönheit und Kulturschätze mit traditioneller Weisheit und modernem Wissen verbinden. Für die Unterstützung dieser Projekte durch Sponsoren sind wir dankbar.

Weiterbildung

Es gibt die Möglichkeit, die Inhalte dieses Buches in einer insgesamt 3-wöchigen Weiterbildung kennenzulernen. Als inspirierende, individuelle Entdeckungsreise für Einzelpersonen, Paare oder Gruppen.
In der von uns entwickelten Grundausbildung wird traditionelles und modernes Wissen mit Kunst sinnvoll kombiniert. Ein besonderer Schwerpunkt ist die Prävention und Behandlung von Zivilisationskrankheiten wie Burn-out, Rückenbeschwerden und Herz-Kreislauf-Erkrankungen. In der Aufbauausbildung werden diese Kenntnisse um fortgeschrittene Techniken und Anwendungen aus dem Coaching, dem Ayurveda, der Meditation und der vedischen Ritualkunst erweitert und vertieft. Die Ausbildungen sind national und international als Yogalehrer RYT 200 und RYT 300 (YOGA ALLIANCE) und als NLP-Practitioner und Master nach DVNLP zertifiziert. Sie stehen allen interessierten Berufs- und Altersgruppen offen: als eigenständiger Erstberuf oder als Zusatzqualifizierung. Es geht nicht darum, alle Übungen perfekt zu beherrschen. Yoga ist ein lebenslanges, achtsames Lernen an und mit den eigenen Grenzen.
Für Einzelpersonen, Firmen und Unternehmen geben wir die Kernpunkte dieses Wissens in Führungskräfte- und Teamtrainings sowie individuellen Schulungen weiter.

Dank

Dem noblen Verhaltensforscher Prof. Dr. Bernhard Hassenstein, der seine Studenten gelehrt hat, die richtigen Fragen zu stellen – weil diese »bereits die Hälfte der Lösung sind«. Dem Land der mutigen Denker, Deutschland, dem wir unsere umfassende Ausbildung verdanken. Unserer Heimat: dem Land der großen Gefühle und der Kunst. Österreich hat da sehr viel zu bieten. Und das Waldviertel besonders.

Unseren Eltern und Kindern, die mit unzähligen unvergesslichen Lektionen zu unserer Entwicklung beigetragen haben. Geschwister waren daran oft beteiligt.

Einem kleinen, bescheidenen Mann mit großem Herzen: Thich Nhat Hanh aus Vietnam. Er lehrt wie viele vor ihm das Wichtigste: zu sein. Einfach nur zu sein. Am besten gut. Mit sich selbst und anderen.

Einem mutigen Verlag und seinen Mitarbeitern, die ein Kleinod im Mainstream erkannt und veröffentlicht haben.

Ihnen: dass Sie dieses Buch in Ihren Händen halten und ihm Ihre Zeit und Aufmerksamkeit widmen. Danke.

>> *Yoga ist einzig und allein eine Erfahrung, und die muss man erleben, um sie zu kennen.* <<

(Patanjali, 2. Jh. vor Christus)

Liebe Leserin, lieber Leser,

hat Ihnen dieses Buch weitergeholfen? Für Anregungen, Kritik, aber auch für Lob sind wir offen. So können wir in Zukunft noch besser auf Ihre Wünsche eingehen. Schreiben Sie uns, denn Ihre Meinung zählt!

Ihr TRIAS Verlag

E-Mail Leserservice
kundenservice@trias-verlag.de

Lektorat TRIAS Verlag
Postfach 30 05 04
70445 Stuttgart
Fax: 0711 89 31-748

Stichwortverzeichnis

Sanskrit

Die Menschen hinter den Bildern

‹ Laurin Buitmann und Daisy
Yoga Alignement,
Foto und Mental Support

❯ Andrea und Thomas Stattin
Inspiration und Partner
Foto-Support

Gedanken an die Familie

⌃ **Günter Schön**
Männerbilder

⌃ **Karoline Grill**
Frauenbilder

‹ **Pramesh Gerhard Kunz
und Sophie von Bally**
Fotos Partner Yoga &
Kunst im Coaching

Bibliografische Information der
Deutschen Nationalbibliothek
Die Deutsche Nationalbibliothek verzeichnet diese
Publikation in der Deutschen Nationalbibliografie;
detaillierte bibliografische Daten sind im Internet
über http://dnb.d-nb.de abrufbar.

Programmplanung: Celestina Filbrandt
Redaktion: Dr. Sabine Klonk, Stuttgart
Umschlaggestaltung und Innen-Layout:
CYCLUS Visuelle Kommunikation, Stuttgart

Bildnachweis
Umschlagfoto: Parthena Loenicker
Illustrationen: Martina Berge, Stadtbergen;
                Grafikbüro Schaaf, Karlsruhe
Fotos:
Barbara Schreiner: Autorenbild Klaus Ewert
Ute Boeters: Autorenbild Ursula Ewert
Karoline Grill: 8–9, 24–25, 31, 34, 36, 39, 41, 44,
46, 48, 91, 135, 137, 139, 143, 148, 151, 153, 154, 156,
159, 162, 165, 167, 170, 173, 176, 179, 188 (unten)
Günter Schön: 53, 56, 58, 61, 63, 65, 67, 71, 73, 76,
79, 81, 84, 86, 88, 89, 115, 117, 120, 123, 125, 128,
132, 134, 189 (oben links)
**Pramesh Gerhard Kunz (Bildbearbeitung Sophie
von Bally):** 4, 14, 15, 16, 17, 18, 19, 20, 29, 37, 51,
54, 69, 74, 94, 95, 99, 102, 104, 106, 110, 112, 126,
149, 168
Laurin Buitmann: 155 (2 Bilder), 189 (oben rechts)
Klaus Ewert: 171, 177, 188 (oben), 189 (unten)

1. Auflage 2018

© 2018 TRIAS in Georg Thieme Verlag KG
Rüdigerstraße 14, 70469 Stuttgart

Printed in Germany

Satz und Repro: Reemers Publishing Services GmbH
gesetzt in Adobe Indesign CC 2018
Druck: AZ Druck und Datentechnik GmbH, Kempten

Gedruckt auf chlorfrei gebleichtem Papier

ISBN 978-3-432-10733-2

Auch erhältlich als E-Book:
eISBN (ePub) 978-3-432-10734-9

Besuchen Sie uns auf facebook!
**www.facebook.com/
trias.tut.mir.gut**

Lassen Sie sich inspirieren!
**www.pinterest.com/
triasverlag**

1 2 3 4 5 6